JN313414

第1章 子どもがついてくる! クラスを統率する教師の力

第2章 クラスが必ずまとまる! 子ども集団を動かす成功術

第3章 困った子も素直になる! 問題行動を防ぐ指導

第4章 クラス運営が楽になる! 保護者との関係づくり

第1章

子どもがついてくる!

クラスを統率する教師の力

1 担任の思いを前面に出す

理想とするクラス像を現実のものにするためには、担任が、「こんなクラスにしたい」という強い思いを持つことが大切です。

◆「熱い思い」は伝染する

クラスの質は、担任の力量によって決まります。そして、担任にもっとも必要なことは、「子どもたちを自分の理想に近づくように育てる」という気概です。その強い意志や熱い思いは、子どもを指導する姿勢や投げかける言葉を通じてクラス全体に伝わるものです。

◎…「学級目標」は担任主導で

どのクラスにもある「学級目標」。単に掲示のための道具になってはいないでしょうか。学級目標は、学級経営の柱です。「こんな学級にしたい」という担任の願いが込められたものでなくてはなりません。クラスが目指すべき方向を定め、導いていくのは、担任の責任です。担任の思いを子どもに伝えていくために、学級目標を担任主導で定めるのも一つの方法です。

◎…「ここは厳しい！」という指導を

「先生は、ごまかしや言い訳には厳しい」「自分勝手な行動は許さない」など、「これだけは！」という教師の姿勢を打ち出すことが必要です。教師の強い思いを、子どもに伝えるためです。教師の思いを前面に出すことにより、指導に一貫性が生まれ、子どもからの信頼を集め、クラスがまとまっていくのです。

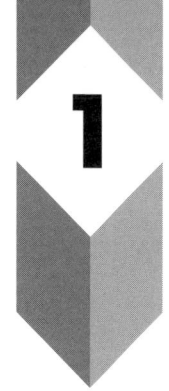

★担任の思いを前面に出すとは…

担任の思いを伝えなければ、子どもたちのやる気は育たず、クラスもまとまらない恐れが。

担任の思いを伝えることで、子どもたちがやる気になり、クラスにもまとまりが。

●さらにこんなやり方も！

「帰りの会」では、その日の子どもの様子を例にとりながら、担任の思いを語るやり方も効果的です。「今日、○○君が…。先生は、人が見ていないところで…立派だと思うんです。こういうことを少しずつ積み重ねていくことが…」といった具合です。

2 堂々とした態度で接する

子どもを前にすると、緊張や不安から、表情が硬くなったり、声が小さくなったりしていませんか？

◆担任の自覚を持って堂々と

子どもの前に立つと「うまくやっていけるのかな…」という不安な気持ちになるものです。しかし、いつも教師が不安な顔をしていたら、子どもたちも不安な気持ちになります。「自分はこの子たちの担任だ」という自覚と自信を持って、堂々とした態度でいることが大切です。

◎…一人ひとりと目を合わせて

教師の表情一つ話し方一つで、子どもに与える印象が随分異なるものです。ついつい反応の良い子ばかり見て話をしたり、壁や床に目を向けて話をしたりしがちになります。しかし、それでは暗く頼りないイメージを子どもに与えてしまいます。子ども一人ひとりと目を合わせながら、噛みしめるようにゆっくり大きく話しましょう。

◎…「指導者」らしさを感じさせる

子どもの横柄な態度に対して毅然と指導したり、質問に迷いなく答えたりして、「この人は指導者だ！」と子どもに感じさせなくてはなりません。子どもの不遜な態度を見逃したままにしていたり、質問の返答に迷う姿を見せたりしていては、「頼りない先生」と子どもに不安を感じさせたり、バカにされたりする恐れがあります。教師の態度や発する言葉を子どもはよく見聞きしています。常に「子どもに見られている」という自覚を持って子どもに接することが大切です。

★「指導者」らしさを感じさせるには…

教師が指導に迷いを見せると、子どもは頼りなさを感じて、教師を指導者として見なくなることに。

どんなときでも、教師が毅然と対処することで、子どもは教師を指導者として認めることに。

●これは絶対やめておこう！

子どもに好かれようと思う気持ちが先に立って、寛容になりすぎるのは考えものです。教師の話をさえぎったり、横柄な態度で話しかけてきたりする子に対しては、優しい表情と話し方に心がけながら、毅然とした姿勢で指導しなくてはなりません。

3 自信を持って子どもを指導する

子どもを指導する立場にある教師は、自分の指導に自信を持って子どもを導かなくてはなりません。

◆リーダーの自覚と自信を

クラスのリーダーは担任です。担任は、リーダーとしてクラスをより良い方向に導き、子どもの力を引き出す役割を担っています。担任が、リーダーの自覚と自信を持って子どもに接することなくして、クラスと子どもを導き、さまざまな問題を解決することはできません。

◎…瞬時に判断！　キッパリ言い切る

忘れ物をした子への対応、遊び方の指導、持ち物や服装に関すること…。子どもの指導では、判断に迷う場面が多々あります。子どもの前で悩んでいたのでは、自信がなさそうに映ってしまいます。担任の裁量内にあることは、「こうです」とキッパリ言い切るようにしましょう。学年や学校での判断が必要な場合は、「先生だけでは決められない」と、こちらも言い切ることです。

◎…「価値ある強制」の勧め

「教育とは『価値ある強制』である」（野口芳宏氏）とは、実に的を射た言葉です。子どものためを思えば、少々苦労をさせても、不満が出ようともやり遂げさせなくてはならないことは、たくさんあります。「かわいそうだ」「嫌われるかも」などと、目先の子どもとの関係にとらわれることなく、「子どもにとって必要」と自信を持って、強制的にやらせることも時には大切です。

★自信を持って子どもを指導するとは…

自信がなさそうに対応していると、子どもを不安にさせ、指導力を失うことに。

自信を持って対応することで、子どもが納得し、素直に指導を受け入れることに。

●さらにこんなやり方も！

自信を持つと同時に、自分が間違っていたと判明したら、素直に子どもに詫びる姿勢も必要です。例えば、授業で誤ったことを教えたら、必ず謝って訂正します。謙虚で誠実な姿勢で向き合うことによって、子どもの信頼を得られ、素直に指導を受け入れてもらえます。

4 率先して手本を示す

学習指導や生活指導を行うときに、まずは教師がやってみせ、手本を示すことはとても大切なことです。

◆子どもは教師から学ぶ

子どもは、いきなり「自由にやりなさい」「自分で考えてやりなさい」と言われても戸惑うだけです。何かをやらせたいときは、まず教師が率先して手本を示すことが必要です。その手本をもとにして、練習や活動を続けるうちに、子どもは自分に合ったやり方を見つけていきます。

◎…学習活動の場で

例えば音読では、声の大きさや抑揚、間の取り方などのポイントを押さえた後で、教師が範読をすると、子どもの読み方が変わってきます。絵や工作では、教師や以前受け持った子の作品などを見せることで、子どもの発想力を促し、制作の意欲を高めます。ノートも手本を見せることで、「見やすいノート」を子どもがイメージできます。

◎…生活指導の場で

特に生活指導において、子どもの言動の質を向上させたいと思うなら、教師が良い手本を見せて教えることです。教師が「こうやりなさい」と言葉で伝えるだけでは、子どもの言動を変えることはできません。正しい掃除のやり方、気持ちいいあいさつの仕方は、教師が繰り返し手本を示してやると、子どもたちの様子がみるみる変わっていきます。時間の守り方も同じで、教師が率先してチャイムの合図を守ることで、子どもは必ず時間を守るようになっていきます。

★教師が率先して手本を示すとは…

「自分で考えなさい」と言ってばかりでは、子どもは何をどうすれば良いか全くイメージできない。

教師が手本を見せることで、子どもは、やることが具体的に理解でき、実際に行動へと移すことが。

●さらにこんなやり方も！

遊びも同じで、子どもは、ドッジボールやハンカチ落としといったありきたりな遊びしか発想できません。「空き缶積み」「目回し」「豆つまみ」「ケンケンずもう」など、楽しい遊びを、教師からどんどん紹介してあげましょう。

5 自分を客観的に見る

子どもは、常に教師を意識して生活しています。自分の言動が常に子どもに注目されていることを意識しておかなくてはなりません。

◆自分の言動をふり返る

言葉遣いや指導の仕方、子どもとの接し方など、教師の言動は常に子どもに注目されています。「発した言葉がどのように受け取られるか」「この指導の仕方は適切か」と、常に客観的にとらえながら子どもに接することが大切です。

◎…子どもの気持ちを推し測る

担任として大切なことは、全ての子どもの気持ちを考えることです。ある子を指導したときに、自分の言葉遣いや態度を見て、周りの子がどのように思っているのか…。ある子との会話する様子を見て、他の子にねたみや不快感を与えてはいないか…。

個々の子どもに対応するときであっても、教師としての自分の言動を見て、他の子が何を感じ何を思うのかを、いつも頭に置いておかなくてはなりません。

◎…「見られている」ことを意識して

子どもは、教師の言動を観察しています。自分と友だちへの対応を比べながら見ています。子どもを指導したり会話したりするときは、「注目されている」と思うようにしましょう。「見られている」と思うだけで、対応の仕方が変わってきます。「ひいきだと思われないか」「公平だったか」と反省することもできるようになります。

★個々の子どもに対応するには…

周りの子に注意を払わないでいると、子どもに不信感を与える恐れが。

周囲にアンテナを張り巡らせ、意識して全ての子と接することで、子どもの信頼を得ることに。

●さらにこんなやり方も！

ある子と楽しく会話をしたら、周りにいる子にも必ずひと言、声をかけるようにします。「先生は自分も意識してくれている」と、子どもは感じます。担任の言動に対して、子どもたちが何を思っているか、どう感じているかと、アンテナを張り巡らせることです。

6 公平さが信頼を得る

子どもに応じて、接し方を変える必要があります。しかし、それが不公平さを感じさせ、「ひいき」と映る恐れがあります。

◆「ひいき」を防ぐ工夫を

子どもは不公平・不平等にとても敏感に反応します。どの子にも公平に接するように心がけ、子どもたちから、「ひいき」と見られないような接し方に注意しなくてはなりません。そのためには、子どもへの接し方に対する工夫が必要です。

◎…指導に一貫性を持たせる

ほめたり叱ったりするさまざまな指導場面では、必ず一貫性を保つよう心がけます。例えば、子どもが忘れ物をしたとき、ある子には厳しく指導したのに他の子には何も言わない、といったことのないようにすることです。子どもは必ず、「○○君には甘い」「ひいきだ」と、感じてしまいます。指導する内容や子どもの実態に応じて、言葉がけや指導方法を変えることは、もちろん必要です。しかし、どの子も納得できるような指導となるように心がけることが大切です。

◎…全員で確認する

学校やクラスのきまりなどは、全員で確認することを忘れないようにします。「色ペン使っていいですか？」と子どもが尋ねてきたら、クラス全体にきまりを確認させ徹底させます。個々の子どもにだけ対応していると、あやふやになってしまう危険性があります。全員で一斉に指導・確認することが「ひいき」を防ぐ効果的な方法の一つです。

★不公平・不平等を防ぐには…

子どもによって指導の仕方に違いがあると、他の子どもに不公平感を与える恐れが。

指導のポイントに一貫性を持たせることが、不公平・不平等の排除につながることに。

●さらにこんなやり方も！

子どもを叱るときは、心に余裕を持って叱りましょう。感情的になると、その時々の気分によって指導にムラが生じます。同じ行いに対する指導であるのに、感情的になっては子どもに不公平感を抱かせる結果になる恐れがあります。

7 明るく元気に前に立つ

いつも元気ハツラツとしている教師は、子どもたちの人気者です。子どもは、明るく元気な教師が好きです。

◆子どもを元気にする

教師は、子どものやる気を引き出すのが仕事です。「先生といると、何だか元気になる」と、子どもを元気にする存在でありたいものです。教室に入ったとき、子どもたちに「どんな楽しい一日になるのだろう」と期待を抱かせ、「勉強がんばるぞ！」という気持ちにさせるためには、いつも明るく元気にという心がけが大切です。

◎…笑顔を作って気分を盛り上げる

教師も人です。落ち込んだり、気分が乗らない日もあります。しかし、子どもの前では「明るく元気」が基本です。いつも気持ちを「陽」に持っていかなくてはなりません。そのためにお勧めなのが、「笑顔を作る」ことです。鏡を見て口角を上げ最高の笑顔を作ると、気持ちも自然に明るくなります。子どもの前では笑顔を心がけましょう。

◎…話し方や話題で雰囲気を変える

子どもの気分が乗っていない、クラス全体が何となく落ち込んでいると感じるときは、意識して明るく大きな声で子どもたちに話をするようにします。話題も、街で見かけた面白いことや教師の失敗談など、子どもが身近に感じられて、しかも気楽に楽しく聞けるように工夫します。楽しそうに話をすることで、子どもの気持ちをリラックスさせていきましょう。

★教室の雰囲気を明るくするためには…

教師が「つまらない」という態度で接すれば、教室の雰囲気がさらに暗くなり、子どものやる気を奪うことに。

教師が明るく元気に振る舞うことで、子どもに元気が伝わり、教室が明るい雰囲気に変わることに。

●さらにこんなやり方も!

楽しい気分になる小物を持ち込むのも効果的です。例えば、同じ指示棒でも、指の形をしたものを使ったり、「商い中」の裏に「本日終了」と書かれた札を掛けたり。100円ショップなどで、教室で役に立ちそうな小物をそろえてみましょう。

8 ユーモアを忘れずに

時にはユーモアのある一面を子どもに見せることによって、子どもとの信頼関係がグッと深まります。

◆魅力的な教師であるために

いつも真面目で正論ばかりでは、子どもたちは教師との間に距離を感じてしまいます。時には適度な「ゆるみ」が必要です。時折、お笑いや面白い話などを交え、ユーモアをもって接しましょう。そうすることで子どもは教師に親しみを持ち、信頼関係も育まれます。

◎…授業中を楽しく

授業中に教師が、「家康の家は安い」などとちょっとしたギャグを言ったり、わざと答えを間違えておどけたような態度をしたりすると、子どもはいつも以上に大笑いをし、目の色を変えて生き生きしてきます。ちょっとしたユーモアを取り入れることで緊張を解きほぐし、子どもの集中力を高めたりすることができます。「授業は真面目で真剣」なものだからこそ、ユーモアを適度に交えると、授業にメリハリが生まれます。

◎…生活指導の後で

厳しい指導やケンカの後、落ち込んでいる子がいます。そんな子を励ますために、「あっぷっぷ！」などと、おかしな顔をして子どもを笑わせにかかります。周りの子が必ず笑い出します。恥ずかしい教師の姿と周りの雰囲気を感じて、落ち込んでいた子どもも笑顔になり、元気を取り戻していきます。

★ユーモアを持って接するとは…

いつも真面目で笑いひとつないようでは、子どもとの距離がなかなか縮まらないことに。

時にユーモアを言いながら子どもに接することで、子どもとの距離がグンと近くなることに。

●さらにこんなやり方も！

流行しているテレビ番組のフレーズを取り入れると、楽しくしかも学習効果が高くなります。例えば、子どもが質問したとき、池上彰風に「いい質問です！」などと言うと、授業が盛り上がり、子どもが集中します。

9 子どもを味方につける

クラスがうまくいっていない場合、子どもが教師の指示に従わず指導がすんなり入らなくなります。

◆教師の「孤立化」を防ぐ

教師の指導が子どもたちに響かず、教師がまるで敵でもあるかのような雰囲気のクラスがあります。「子ども VS 教師」という構図ができ、クラスの中で教師が孤立しているのです。このような状況は、一刻も早く改善しないと、最悪の場合にはクラスが崩壊してしまいます。

◎…子どもの良心に訴えかける

特にクラスの中で影響力を持っている子や、教師に反抗的な子を指導するときが勝負です。その子を指導しながら、時折「先生の言っていることは正しいと思うが、みんなはどう思う？」と、クラス全員の子に意見を求めるのです。このように、子どもを指導する場合、「クラス全員の総意を得て指導の正当性を確認する」ことを忘れてはいけません。

◎…「なかま」の中で育てる

教師が指導していることはもっともで、反省すべきは自分自身であることを子どもはわかっています。それにも関わらず、教師の指導を受け入れないのは、「クラス集団の中で、自分が教師よりも影響力がある」と感じているからです。そのような子には、「リーダーは先生」ということを、周りの子どもたちを味方につけてわからせる必要があります。

★子どもを味方につけるには…

周りの子を意識しないと、指導が入らず、教師のリーダーシップにも悪影響を及ぼす恐れが。

周りの子を意識することで、指導が効果的に行われ、教師のリーダーシップも保障されることに。

●これは絶対やめておこう!

指導がいかに正論であったとしても、クラスの中で影響力のある子を一対一で説き伏せることは避けることです。そのうち感情的になり、周囲の子から「教師と○○君は対等」だと見られてしまい、リーダーとしての威厳を失ってしまいます。

10 自分の目で子どもを見る

どの子にも長所があり短所もあります。教師は子どもをさまざまな角度から観察し、時に見守り、時に指導しなくてはなりません。

◆「白紙」の状態で子どもを見る

私たちは、ともすれば以前の担任や周囲の教師の言葉に頼って子どもを見てしまいがちです。しかし、周囲の情報に重きをおくと、偏見で子どもを見る恐れがあります。参考にすべき情報は「情報」として持っておき、白紙の状態で子どもに接することが基本です。

◎…教育観を確認する

教師に反抗的な子も、正義感が強いとか友だちを大切にするなどの良い面を持っているものです。反対に、大人しく真面目な子も、自分本位でずるい面があるかもしれません。成長に必要な、素直さや正直さ、正しいことを貫く強さなどは、子どものちょっとした言動に表れます。偏見なく子どもに接しなくては、子どもの些細な言動の裏にある真の姿を見ることができません。自身の教育観をしっかり確認し、子どもを自分の目で見守りつつ指導することが大切です。

◎…子どもの失敗は忘れる

子どもが失敗をしたりあやまちをおかしたりしたとき、いつまでもそのことにこだわっていると、必ずその子を偏見的な目で見るようになってしまいます。子どもの失敗やあやまちは、指導した後は「子どもらしい」と、忘れるくらいでちょうど良いのです。子どもは常に好意的に見るように心がけましょう。

★「白紙」の状態で子どもを見るとは…

周囲の情報に頼ってばかりいると、子どもに対する偏見が生じ、子どもの良さを見ることができなくなる恐れが。

子どもを自分の目で見ることが、その子の長所や短所を発見し、子どもを理解することに。

●これは絶対やめておこう！

教師も人間です。気が合う子もいればそうでない子もいます。しかし、だからといって、子どもを見る姿勢に差があってはいけません。どの子にも同じ態度で接し、どちらかと言えば、気の合わない子を特に好意的な目で見るように意識する必要があります。

11 子どもの長所に目を向ける

ついつい子どもの悪いところばかりが目についてしまい、子どもの良さを見落としがちになっていませんか？

◆子どもを好きになろう

学年末が近くなると、「クラスを解体するのが惜しい」「子どもたちが卒業するのが寂しい」と愛着を感じるクラスに育てたいものです。そのためには、何よりも子どもを好きになることが大切です。まずは、長所に目を向ける努力が必要になります。

◎…受け止め方を転換する

同じ事象であっても、受け止め方によって物事の感じ方は大きく異なります。いつも大声で騒いでいるような子どもを、「落ち着かない、うるさい」と考えるのか、「元気で自分の気持ちを表に出す子」と考えるのかでは、その子に対する印象が180度変わります。

子どもの行動に、時にはカッとなることもあると思いますが、一呼吸置いて、受け止め方を転換するように努力することが大切です。

◎…「良いところ探し」をする

子ども同士で、「友だちの良いところ探し」をします。「○○君は、△△さんが一人でいたときに、『一緒に遊ぼう』と誘っていた」といったように具体的に書かせることがポイントです。教師は、子ども同士が見つけた互いの良さを記録しておきます。自分では発見できなかった子どもの良い面を確認したり、それまでとは違う角度で子どもを見たりできるようになっていきます。

★子どもの長所に目を向けるとは…

まったく…。あの子は乱暴で、
いつも友だちとケンカばかりしているわ。

子どもの悪いところばかり目がいくと、その子の良さがわからなくなり、その結果、子どもを嫌いになる恐れが。

よくケンカするなぁ。でもそれだけ
友だちと本音でつきあえるってことかな。

子どもの長所に目を向けるようになれば、良いところがどんどん見えて、子どもを好きになることに。

●さらにこんなやり方も！

子どもの失敗やあやまちは、スパッと叱ったらお終《しま》い。後は忘れて笑顔で接するように心がけましょう。反対に、良い行いをしたときは心に留めておき、機会あるごとに何度でもほめるようにします。自分を認めてくれる先生が、子どもは大好きです。

12 子どもの関係を「診断」する

子ども同士の関係をしっかり観察し、必要ならば改善や修復に向けての対策を練ることが、クラスづくりには大切です。

◆「不自由な友だち関係」を解消

固定化した友だち関係や、クラスに上下関係があるならば、それは「不自由な友だち関係」です。そこでは子どもたちが、自分の可能性を見つけ、良さを伸ばすことはできません。教師は、クラスの関係性を素早く的確に見抜き、より良い関係に変える必要があります。

◎…子どもたちの関係性に注意をはらう

授業中の子どもたちの様子をよく観察します。「いつも特定の子の意見が通る」「何をするにも同じ子と組む」「グループを作ると、いつも同じメンバーが集まる」「仲が良いのにケンカをしない」といったことがあれば、子ども同士の関係が気になります。このような関係に気づいたら、それまで以上に子どもの様子に目を配り、子どもたちの中にある上下関係や、対立関係などを把握することに努めましょう。そして、多くの友だちと活動する機会を作ったり、子どもが本気になる活動を行ったりして、友だちの新しい一面に気づかせていきましょう。

◎…班づくりは教師主導で

子どもに学びと学ぶ楽しさを保障するためには、クラスの誰とでも活動することができるようにさせなくてはなりません。そのためには、「好きな者同士」「子どもの話し合い」ばかりに頼るのではなく、くじ引きやジャンケン、教師主導による班分けなどの工夫が必要です。

★子ども同士をより良い関係にするには…

固定化された関係をそのまま放っておくと、誰とでも活動できる雰囲気のクラスにすることはできない。

教師が指導することで、子どもの友だち関係が広がり、誰とでも活動できる雰囲気に。

●これは絶対やめておこう！

「好きな人同士でお願い」と教師に申し出る子がいます。しかし、子どもの言葉は頑としてはねつけましょう。なかには、困ってしまう子がいるかもしれません。また、教師の考えを通すことで、教師が主導者であることを示す意味もあります。

13 子どもと一緒に遊ぶ

担任と一緒に遊ぶと、子どもはとても喜びます。一緒に遊ぶことで、子どもとの良好な関係を築くことができます。

◆子どもは担任と遊ぶことを望んでいる

子どもたちは担任と遊ぶのが大好きです。一緒に遊んでいると、授業では見えない一面を垣間見ることができます。一緒に遊ぶことは、子どもの気持ちを理解し、良好な関係を築くための貴重な場を作ることであると同時に、気づかなかった新たな一面を知ることでもあります。

◎…子どもとの距離を縮める努力を

一緒に遊ぶことで、教師と子どもが対等になってふれ合うことができる貴重な時間を作り出すことになります。普段とは異なる姿を見せることにより、子どもは教師に対して親近感を覚えます。忙しい毎日ですが、機会を作って一緒に遊び、子どもとの間にある垣根を低くすることで、子どもとの距離を縮めましょう。

◎…子ども同士の関係が見えてくる

遊びの時間は、子ども同士の関係を観察するまたとない機会です。遊びの時間には子どもの「素顔」が見えます。普段は気づかない、上下関係や友だちへの気遣いなどを垣間見ることができます。

子どもと一緒に遊ぶことで、子ども同士の関係を注意深く観察しながら、子どもが対等に活動できるように導いたり、友だちの中に入りづらい子を遊びに引き入れたりして、良好な友達関係づくりを支援しましょう。

★子どもとの距離を縮めるには…

学習指導や生活指導だけで子どもに接していては、子どもとの距離は縮まらないことに。
ノートの添削もあるし疲れるから…。
先生！一緒に鬼ごっこしようよ！
先生は遠慮しておくわ。みんなで遊んでおいで。

子どもと一緒に遊ぶことで、子どもは教師に親近感をおぼえ、関係が深まることに。
今日はみんなでドッジボールして遊ぼう！
先生、大丈夫？僕たち結構強いんだぜ♪
これでも小さい頃は、ドッジボールの鬼って言われていたのよ！

●これは絶対やめておこう！

子どもたちと遊ぶときには、一緒にいることで、子どもに圧迫感を与えてはいけません。少しのことで注意されたり指導されたりしたのでは、子どもは楽しくありません。不要な「教師根性」は、子どもたちに疎んじられ、かえって関係を損ねてしまいかねません。

第2章

クラスが必ずまとまる!

子ども集団を動かす成功術

1 集団で学ぶ意味を教える

子どもは所属する集団（クラス）の中で、協力・協調性や忍耐といった社会性、人間関係を育んでいきます。

◆集団生活を学ぶ場としての学校

最近、他の子の気持ちを考えられず、集団生活に適応できない子どもが増えています。子どもたちには、将来社会に出ていくために「一人では何もできないこと」「集団の中で大切なことを学ぶこと」を、機を見て教えていく必要があります。

◎…人と関わるための礼儀・作法を

小学生の頃は、まだまだ自己中心的な時期です。いきなり、「人の気持ちになれ」と言っても無理な話です。それよりも、まずは形式を教える方が効果的です。友だちと出会ったらあいさつをする、悪いと思ったら謝る、話を聞くときは姿勢を良くする、呼ばれたら返事をする…。子どもたちは学年があがってくるにつれて、これらの礼儀・作法が、徐々に相手を気持ちよくさせるものであることを体感していきます。

◎…一致団結できる取り組みを

学級活動や学校行事を活用して、クラス全員で取り組むとき、話し合いや練習・準備の過程で必ずいさかいが起こるはずです。そこで、みんなで楽しく活動するために、友だちへの気遣いや協力の大切さ、全体で楽しむために我を張らず我慢して、みんなと強調するといったことを学ばせることができます。

★集団で学ぶ意味を教えるには…

個人の指導に目を向けてばかりでは、集団の力が高まらず、結局、個々の子どもたちの力も伸びないことに。

全体を意識して指導することで、集団の力が高まり、個々の子どもの力も伸ばすことに。

●さらにこんなやり方も！

「一人だけでできること」を子どもに考えさせます。最初は気軽に意見が出るのですが、子どもたちから、「それは、お母さんのお陰」といった具合に、本質にせまる意見が出て、他の人に支えられて生きていることに気づいていきます。

2 礼儀・作法を教える

気持ちよく学校生活を送り、将来必要な社会性を身に付けさせるためには、礼儀・作法を教えることが必要です。

◆礼儀・作法は、充実した学校生活の基礎

きまりや授業規律を守る、人に迷惑をかけないなどの、集団生活を送るうえで必要最低限の礼儀・作法を身に付けさせることが、子どもに充実した学校生活を送らせる基礎となります。教師の言葉を素直に受け入れ、失敗やあやまちを認め、反省できる子どもは伸びていきます。

◎…「教わる者」としての姿勢を育てる

子どもは、「教わる者」です。教わる者は、大切なことを教えてくれる人に対して、常に謙虚で真剣な態度で臨む姿勢が必要です。教師に対してのあいさつや返事、言葉遣いなど、教わる者としての姿勢をしっかり身に付けさせるのが教師の役割です。決して、ふざけた態度や礼節を欠いた言葉などを見逃してはなりません。

◎…人格形成の場としての授業

授業中は、時に怠惰な心に打ち克ちながら勉強をしなくてはなりません。教師の指示に従い、話を聞いたり作業をしたりしなくてはなりません。やるべきことをやることによって、子どもは、礼節や協調性を身に付けていきます。

授業は、教科の学力を形成するだけでなく、人として必要な礼儀・作法を身に付ける場でもあります。「人格形成の場」としての授業の意義をしっかり頭に入れて、指導に取り組むように心がけましょう。

★礼儀・作法を教えるとは…

礼儀を欠いた姿勢をそのままにしておくと、クラスの規律が乱れ、学級経営に支障を及ぼす危険が。

この人、ちょっと
おかしいんじゃない？
「この人」って…。
まあ、親しみをこめて
言ってるんだから…。
いいか…。

礼儀をしっかり教えていくことで、クラスに規律が生まれ、学級経営がスムーズに。

この人、ちょっと
おかしいんじゃない？
親しき仲にも礼儀あり！
先生に向かって「この人」って
言うのは、失礼だよ！

●さらにこんなやり方も！

子どもと一日生活していると、「はい」と返事をする機会はたくさんあるはずです。朝の出欠確認、授業中、指名されたとき。テストやプリントが返却されるとき…。機会あるごとに必ず「はい」と返事をさせるようにしましょう。

3 全ての子と関わりを持つ

全ての子と関わりを持つことは、簡単なようで実はかなりの努力と工夫を必要とします。

◆意識と工夫が必要

教師は一人ひとりの子どもを大切にするために、毎日全ての子と関わりを持たなくてはなりません。しかし、実際には特定の子ばかりに気をとられ、他の子とは関わりが薄くなりがちです。そこで大切となるのが、「全ての子と関わる」という意識とそのための工夫です。

◎…全ての子に発表させる

学校生活で子どもと関わる時間のほとんどが授業時間です。全ての子と関わるために、「挙手による発表」を改め、「指名による発表」を多用する必要があります。教師の指名によって、全ての子に発言する機会を保障し、そこで子どもと関わりを持つことが可能になります。一日のうち必ず全ての子に発表させ、関わりを持つようにしましょう。

◎…一瞬ふり返る時間を

授業中の指名、注意や会話などのさまざまな場面で、一日のうちに全ての子と関わる配慮が必要です。ただ何となく子どもと過ごしていては、目立たない子やおとなしい子との関わりが少なくなってしまうものです。ですから、「全ての子と必ず何らかの関わりを持とう」と、意識して子どもと過ごすことが大切です。「○○さんがこんなことを話した」「○○君にこんな指導をした」と、一日の終わりに一瞬ふり返る時間を持つことで、子どもに関わる意識が抜群に変わります。

★全ての子と関わりを持つには…

「全ての子に関わる」ための工夫がなくては、目立たない子との関わりが薄くなる恐れが。

…と私は思います。
○○さんは、そう考えるんだね。なるほど！
私も同じこと考えてたんだけど…。

「全ての子に関わる」ための工夫によって、全ての子と関わる機会を得られることに。

○○さんは、どう考えた？
……だと思います。
○○さんは、そう考えるんだね。なるほど！
やった～！先生にほめられたみたい！

●さらにこんなやり方も！

子どもが下校した後、クラス全員の一日の様子をふり返りましょう。特に印象に残らない子がいたら要注意です。関わりが少なく、その子を見ていない恐れがあります。翌日から、できる限り多く関わりを持つように意識することができます。

4 差別を作らない授業を

何も考えずに進めていると、毎時間の授業で、知らず知らずのうちに、差別が芽生える危険があります。

◆差別を作る授業とは

正しい答えを求めるだけの授業、学力の低い子だけに焦点を絞った授業を続けていると、教室に差別が芽生える危険性があります。「どうしてわからないの？」「簡単なのに…」「まだできないの？」と、子どもたちも、担任さえも気づかないうちに、「できる」「できない」という差別意識が大きくなっていく恐れがあります。

◎…時間差は最小限に

授業は、全員参加が大原則です。理解が速い子も遅い子も、一時間充実して過ごすことができるように工夫しなくてはなりません。問題数を限定したり、小グループで相談させたり、発展問題を用意しておいたりと、子どもが活動するときに生じる「空白時間」をできる限り少なくします。時間差を埋める工夫をすることで、どの子も充実した時間を過ごすことのできる授業となり、優越感に浸ったり友だちをさげすんだりする意識は生まれません。

◎…書く・指名・検討

挙手による発言は、理解の早い「できる子」に頼る授業です。全員が充実した授業時間にするために、考えを書かせ、教師が指名して発表させ、出された意見を全員で検討させるといった工夫がある授業では、「できる」「できない」といった差別意識は生じません。

★差別を作らない授業の工夫とは…

「できる子」ばかりが脚光を浴びる授業を続けていると、知らず知らずのうちに、子どもの中に差別意識が。

ゴンはどんな気持ちだったのかな？
はい。○○君。
ゴンはですね～
かくかくしかじか
これから考えようと思ってたのに…
こんな問題、バカでもわかるじゃん！

どの子も活動できる場を保障する授業では、子どもは友だちの意見を尊重し合い、対等な関係が築かれることに。

ゴンはどんな気持ちだったのかな？
ノートに自分の考えを書きましょう。
書けた人は、近くの人と意見交換！
後で○○君に発表してもらいます。

●さらにこんなやり方も！

作業は「取り掛かり」が重要です。要領の良い子とそうでない子は、スタートから差がついてしまうもの。一斉に作業を始められるよう、全員が準備できたかどうか必ず確認して、開始の合図を出します。

5 安心感と期待を抱かせる

子どもの多くが、教師に認められているか、自分が成長できるかどうか不安を感じています。

◆ありのままの姿を見る

失敗したことを責めてばかりいると、覇気がなく投げやりな空気がクラスに生まれます。「人は失敗をするもの」「失敗から成長が始まる」と考え、ありのままの子どもを受け入れることが大切です。子どもたちが安心して学び合えるクラスづくりに努めなくてはなりません。

◎…失敗を受け入れる

子どもが失敗したり、誤った行いをしたりしたとき、決して子どもを否定するような態度をとってはいけません。単に指導するだけでなく、「そんなこともある」と、子どもを受け入れる姿勢を忘れないことです。子どもに「先生は見てくれている」「やればできる」という安心と期待感を持たせることが教師の務めです。

◎…具体的事実で成長を感じさせる

以前指導したことができるようになっていたら、そこを見逃さずに認めほめることが重要です。

「自分のあやまちを素直に認められた」「授業前に教科書を準備することができた」…。些細と思われることほど、子どもからすれば、「先生は、僕のことをよく見てくれている」と感じるものです。具体的な場面でこそ、子どもは、教師に認められている安心感を抱き、自分への自信を持つことができるのです。

★子どもに「成長」を感じさせるには…

子どもに最高レベルの状態を求めるだけでは、子どもが自信を失い、学ぶ意欲を失うことに。

もっと早く集まれないのか!?
全く君たちは……!
何をやっても
叱られるな…
ボクはちゃんと
早くやったのに…

ちょっとした成長を見逃さず、認め、ほめることで、子どもに自信を与え、さらに学ぶ意欲を持たせることに。

すごい!
昨日はダラダラ集まって叱られたのに
一日で素早く集まれるようになったね。
君たちは、やればできる!
私たちって
すごいかも…!
よ〜し!
次はもっと早く
集合するぞ!

●さらにこんなやり方も!

偉人と言われる人の幼い頃のエピソードを話してあげます。失敗したり悪さをして叱られたりと、偉人であっても自分たちと同じだということを知って、子どもは失敗の後の行動の大切さに気づいたり将来に希望を持ったりできるものです。

6 変容の自信と意欲を

子どもが成長するためには、クラスを変えることが必要です。クラスを変え、子どもを変えることが、教師の大切な役割です。

◆「成長した」事実が意欲を高める

子どもは誰でも「成長したい」と願っています。日々、子どもは少しずつ成長していますが、自分では気づけないものです。だからこそ教師が、そのわずかな変化をとらえて認め、自信を持たせることが必要です。すると子どもに「やればできる！」と向上意欲が沸いてきます。

◎…評価とチェックを繰り返す

一度や二度指導しただけで、できない子ができるようになったり、クラスが良くなったりすることはありません。何度も何度も同じような指導を繰り返さなくてはなりません。「すごい。先生うれしい」「あれ？　それはダメだね」という簡単な一言で十分です。常日頃から子どもの行動をチェックし、評価することを繰り返し行うことです。

◎…新しいことに挑戦させる

子どもが自分自身の変化をもっとも感じられるのは、新しいことに挑戦するときです。成功すれば自身の成長を感じられるのはもちろんのこと、たとえ失敗しても、挑戦しようという意欲やがんばった過程を教師が評価することで、子どもは成長を感じることができるはずです。

子どもの様子をよく観察し、「少し難しいけれど、がんばればやれる」と思えることにどんどん挑戦させるように、教師が導いていくようにしましょう。

★変わることへの自信と意欲を持たせるには…

君たちは、やればできる！
君たちは、可能性の固まりだ！
あーぁ…
私には無理よ…。
そんなこと、
今まで何度も
聞いたよ…！

言葉だけでは、子どもに成長している実感を味わわせることができず、変化への意欲も持てない恐れが。

今日の掃除は良かったよ！
みんなテキパキと動いて。
4月のときに比べたら、本当に
変わったよね！みんな。
ムフフ…♡
私たちもやればできるんだ！
気づかなかったけど、
随分成長してるんだね！
僕たち♪

日頃から子どもの行動をチェックし、事実を示して評価することで、成長の実感と変容の意欲を持たせることに。

●さらにこんなやり方も！

「本気でやれた」「全力でできた」といった一つひとつの事実をその都度取り上げて、認めていきましょう。「楽しいクラスに」「もっと強い絆を」と、集団の力を高めるために、全員で取り組める楽しいイベントをどんどん提案していきましょう。

7 子どもを認めほめる

子どもは担任から認められることによって、自分に自信を持ち、意欲的に活動するようになっていきます。

◆子どもの自尊心を高めよう

子どもは、ほめられることで「認められた」と感じます。そして、その喜びから自分に自信を持ち、安心して行動ができるようになります。そこで初めて、さまざまなことに挑戦しようと意欲的になるのです。何事にも「私ならきっとできる」という自信を子どもに持たせましょう。

◎…無条件に認める

子どもが、「先生から認められている」と心から感じるためには、教師は、子どもの行為を無条件にほめ、認めていかなくてはなりません。「もう少しがんばれ」といった類の言葉は禁物です。その言葉によって、子どもは、自分を心から認めてもらったとは感じられなくなってしまいます。

◎…感動する心が信頼関係を築く

子どもを認められるようになる為には、子どもの姿に心底「すごい」と思えることが大切です。どんなに些細なことでも、子どもの行動に心から感心し感動することができれば、子どもの良さを認めることができます。ありきたりな言葉よりも、子どもの行いを、黙ってうれしそうに見ている姿の方が、気持ちは伝わるものです。子どもの些細な言動に感動できる教師の心こそが、子どもとの信頼関係を築く最大の秘訣と言っても過言ではありません。

★子どもを認めほめるとは…

表面的なほめ方を続けていると、冷めた目で子どもに見られ、自尊心が育たず、信頼関係も深まらないことに。

よくできました。
次はここをこうするようにしてほしいな。
結局、先生はボクのことを認めてくれないんだ…。

心から子どもを認めることによって、子どもは自信を持ち、信頼関係も深まることに。

すっごい!!!
先生、うれしいよ！
ボクがやったことを、先生は喜んでくれるんだな。

●これは絶対やめておこう！

さほど、すごいとも思わないにも関わらず、子どもをほめるのは考えものです。子どもは、口先だけのほめ言葉を見抜きます。

むやみやたらとほめていると、子どもの心は担任から離れ、担任に不信感を抱く恐れも出てきます。

8 一人ひとりの自主性を伸ばす

子どもに、自分たちで考えて解決する力を身に付けさせることで、クラスの結束は強いものになっていきます。

◆一人ひとりの自主性がクラスをまとめる

教師の指示がなくては何もできない。いつも同じことを繰り返して叱られる…。そんな状態では、自分たちで考え行動することができず、とてもクラスはまとまりません。子どもの自主性を伸ばし「自ら考える力」を身に付けさせることが必要です。

◎…何気ない場面に自主性の種が

時間を守る、素早く整列する、話を聞くといった日常の場面で、自ら考え行動できる力を伸ばしてやることが大切です。そのためには、「～しなさい」と、直接指示してばかりではダメです。黙ってやり直しをさせたり、できている子をほめたりして、子どもが自ら反省する状況を作ることです。なぜダメなのか、なぜ注意されるのか、どうすれば良いのか…。それらを子どもに考えさせる場面は、無限に存在します。

◎…「楽しむ」ことが自主性を育てる

子どもに限らず、人は楽しいことには進んで参加します。授業も遊びも学級活動も、子どもが楽しく充実した時間を過ごせるよう、教師が指導を工夫することが大切です。

学校生活が楽しく充実していれば、「やりたい」「やってみよう」と、自分から進んで考え行動するようになっていくものです。

★自主性を伸ばすためには…

だめじゃないか！ケンカしちゃ。
お互い、謝りなさい！
ぺちゃくちゃ
ぺちゃくちゃ
ねえ…
ねえってば!!
何よ！無視して。
もう遊ばない！

「考えさせる」工夫のない指導では、子どもの自主性は伸びず、問題を解決する力が身に付かないことに。

○○ちゃんが、どうして
怒っているのか、わかる？
どうして返事がなかったのか、
○○ちゃんは考えてみてね。

機をとらえて子どもに考えさせることで、子どもの自主性が鍛えられ、問題を解決する力が身に付くことに。

●さらにこんなやり方も！

「わかりましたか？」という確認は、できるだけしないように心がけます。自ら進んで話を聞く力を身に付けさせるためには、「どうすればいいの？」と、子どもに問いかけるような確認の仕方を心がけることです。

9 全員に活躍の場を保障する

クラスの子全員が、何かに挑戦したり活動したりできる機会を保障するための工夫が必要です。

◆全ての子に充実感を

教師が何の工夫もせず、活発な子どもに任せてばかりでは、おとなしい子や自信のない子は、いつまで経っても活躍する機会に恵まれません。全ての子どもが活躍する場を得られ、「できた」「楽しい」と感じて毎日を過ごすことができるような指導の工夫が必要です。

◎…授業で必ず活躍の場を

一日のうちで、全ての子に必ず発表や発言をさせるなど、活躍する機会を与えるようにします。

いつも、やる気のある子や理解が速い子、発表意欲が高い子の発言を取り上げて授業を進めていたのでは、全ての子に活躍する場を保障することはできません。国語や算数では、子どものつぶやきを取り上げたり、指名して発表させたりしなくてはなりません。体育では模範演技を披露させたり、図工では作品の光る部分を取り上げたり…といった具合です。

◎…中心的な役割を全員に経験させる

学級活動の企画・運営や司会などは、その都度「委員」を募り、必ず全員に中心的な役割をさせるようにします。学期はじめにイベントをいくつか計画し、それぞれの「委員」を割り振っておくことも考えられます。全ての子が、中心となって活躍する場を作ることが大切です。

★全員に活躍の場を保障するには…

子どもに任せてばかりでは、特定の子だけが活躍し、全く活躍の場がない子が出てくる危険性が。

この問題、だれかわかる人？
…だと思います！
間違ったら嫌だな。
発表するのやめておこう…。

指導方法を工夫することで、全ての子に活躍の場を保障することが。

ノートに書いた考えを発表しましょう。
○○さん、どうぞ。
…だと思います！
自信なかったけど
発表して良かった！
なるほど！とても
よく考えてるね！

●さらにこんなやり方も！

子どもは思った以上に失敗することを恐れています。失敗は当たり前、どんどん挑戦する雰囲気にするために、「ちょっと無理」と思われる問題や活動に取り組ませます。失敗しても当たり前・恥ずかしくないという雰囲気になっていきます。

10 当番活動で存在感を

学級での生活を円滑に送るためだけでなく、子ども一人ひとりの存在感を味わわせるためにも、当番活動が役立ちます。

◆「学級の一員」としての意識を

当番活動によって、子どもはクラスの一員としての役割を担います。「自分の役割を怠ればみんなに迷惑をかける」という「責任」と、「大切な役割を任されている」という「存在感」を与えるのです。当番活動を工夫し、クラスが活性化するように指導の工夫をしましょう。

◎…一日をイメージして当番を組織する

カーテン・窓を開ける→電灯をつける→宿題を提出する→担任との連絡をする→朝の会→出欠確認・健康観察→朝学習→…。といった具合に、一日の流れをイメージして、必要な当番を組織します。

それぞれの子どもに、自分の役割に対する責任とクラスでの存在を感じさせるためには、子どもたちが学級生活を円滑に送るために必要な当番を組織することが大切です。

◎…支え合う気持ちを持つことを促す

当番活動はどれが抜けても、学級生活が円滑に進まなくなります。当然のように毎日仕事をしている子どもたちに、担任が率先して感謝の気持ちを伝えます。そして機会あるごとに、「一人ひとりが自分の仕事をやっているから気持ちよく生活できる」と、子どもたちに伝えることで、一人ひとりが支え合うことの大切さに気づかせていきます。

★「学級の一員」としての意識を持たせるには…

当番活動の工夫をしないと、クラスの一員としての責任感も存在感も生まれず、クラスがまとまらないことに。

○○君！たまには
当番の仕事やってよ！
明日やるよ…。
今日は誰かやって！
いつもそうじゃない!!

当番活動を機能させることで、子どもにクラスの一員としての責任感と存在感が生まれ、クラスがまとまることに。

おっ！いつもありがとう。
助かってるよ！
ボクもみんなの
役に立ってるんだな…！

●さらにこんなやり方も！

数人で同じ当番をさせると、なかには友達任せにしてしまう子が出てくる恐れがあります。全ての子に、責任感と存在感を持たせるために、当番は一人一役を原則にします。

11 係活動で楽しいクラスに

子どもたちの自主性を育て、子どもの力で学級生活を楽しく豊かなものにするのが係活動です。

◆子どもを主役にする

係活動は、子どもの自己存在感や学級への所属感を持たせ、企画・運営力を培うことが目的です。子どもが「学級を楽しくしたい」という思いを持って自主的に活動することができるように支援するのが、担任の役割です。「自分たちがクラスを楽しくする主役だ」という気持ちを子どもに持たせられるよう、係活動を活性化させましょう。

◎…本気・本音を引き出す

係活動で子どもを本気にさせることにより、子どもの本音を引き出します。本気で夢中にさせ、本音でぶつかり合わせることで、子ども同士の関係をより強固なものにすることができます。互いに意見を出し合い、一緒に何かを作り上げていこうとする雰囲気が、クラスにできあがります。子どもにとって魅力ある係活動を作ることによって、クラスにまとまりが生まれるのです。

◎…まずは担任主導で

子どもたちの「やりたい！」という気持ちを引き出しましょう。子どもが慣れないうちは、担任が係を提案するようにします。腕相撲や片足一本立ち等を主催する「力自慢係」、数独や漢字ビンゴ等を主催する「頭脳係」、にらめっこや靴飛ばしなどを主催する「おもしろ係」というように、子どもが本気になりそうな係を提案しましょう。

★本気で取り組む係活動にするためには…

子どもが本気にならない係活動を続けさせても、子どもが楽しむことができず、まとまりも今ひとつに。

どんなことをしたらいいと思いますか？
お楽しみ会
ハンカチ落しがいいと思います。
またハンカチ落しかよ…。つまらね～…。

子どもが本気になる係活動で、クラス一丸となって楽しむ雰囲気が生まれ、まとまりもできることに。

教室に迷路を作って、他のクラスを招待しようよ！
お楽しみ会
面白そう！
先生、そんなのやっていいの？

●さらにこんなやり方も！

各学期の終わりに、少し大き目のイベントを開くのも良いでしょう。お化け屋敷を作ったり、パン食い競争などを取り入れた「憧れの運動会」を開いたり…。企画・準備・運営を協力して進めることで、クラスの和が一段と高まります。

12 誰とでも活動させる

まとまりのあるクラスには、仲良しか否かに関わらず、誰とでも活動できる雰囲気があります。

◆柔軟な人間関係の基礎づくりを

子どもは、指導しないと、何をするときも仲の良い友だちとばかり活動しがちです。それでは、視野を広げ可能性を伸ばすことはできません。さらに、子どもたちが小グループに分かれてしまい、まとまりのないクラスになる危険性もあります。教師は誰とでも活動することのできる子どもに育てる必要があります。

◎…教師が意図して交流の場を作る

班分けやグループ学習では、座席が近い子で組ませたりジャンケンで決めさせたりと、教師が意図的に多くの友だちと交流できる状況を作ることが大切です。多くの友だちと交流する機会を得ることで、子どもはさまざまな考え方に触れ、さまざまな人との付き合い方を学んでいきます。

誰とでも活動することの大切さと楽しさを、機会あるごとに子どもに伝えるようにしましょう。

◎…男女関係なく活動させる

まとまりのあるクラスは、男子と女子の仲がとても良好です。男女が変に意識し合っていては、「誰とでも活動する」雰囲気は作れません。

男女一緒に活動できた子どもたちを、常に大げさにほめるようにしましょう。そうすることで、クラスが、自然に男女関係なく活動することのできる雰囲気に変わっていきます。

★誰とでも活動させるためには…

子ども任せのグループづくりばかりでは、友だち関係が広がらず、いつまでもクラスがまとまらないことに。

社会見学の班を作ります。
５人組になりますよ。
○○ちゃん！
同じ班になろう！

教師が意図的に子どもを交流させることで、友だち関係が広がり、クラスがまとまっていくことに。

社会見学の班を作ります。
男女混合で５人組になるよ。
○○ちゃん！
同じ班に…
グループは、くじ引きで決めます。
席に着きましょう。

●さらにこんなやり方も！

男女で活動することを避ける雰囲気を感じたら、「婚約者がいる人は、無理にやらなくていいよ」と、笑って子どもたちに声をかけます。楽しい雰囲気の中で、子どもたちは男女混合で活動し始めます。

13 授業で認め合う力を

自分の考えを述べ、友だちの意見を知る…。授業は、子ども同士の交流の場でもあります。

◆考えを交流し、認め合う場に

友だちの考えを賞賛し、批判しながら、出し合った考えをみんなで検討する。時には意見を闘わせ、一つの解を作りあげていく。その中で、仲間の考えを尊重し、認め合う姿勢が生まれます。教師は授業を交流の場にするために、意見が飛び交う工夫をしなくてはなりません。

◎…見る・聞く・反応する

発言者や板書、演示や資料など、必要な場所を見させるために、お腹を向けさせる、指で指す、隣同士で確認させるなどの工夫をします。聞き方も、ランダムに指名する、発表者の発言を再生させるなどして、しっかり聞かせる状況を作ります。そして、うなずいたり首を振ったり、声を出させたりして、友だちの意見に反応させることです。真剣に聞く雰囲気を作らなければ、真剣な意見の交流はできません。

◎…多様な意見を引き出す

多様な意見を多くの子どもから引き出すためには、「発表するのが当たり前」という授業にすることです。そのためには、子どもに考える時間を与え、指名されたら発表できるように、自分の考えをノートに書かせるように指導します。このような教師の工夫によって、発表が苦手な子でも、素晴らしい意見を提供するようになります。多様な考えが提供されて初めて、意見の交流が始まり、認め合う力が高まります。

★授業で認め合う力をつけるには…

子どもの考えを取り上げない授業では、多様な考えが提供されず、意見の交流も認め合いもできないことに。

これはどうなるかな？○○君。
やっぱり間違えた。だから発表するのは嫌なんだよ。
△△だと思います…。
そうかなぁ。残念。これは□□なんだよね。
良かった～。私、当てられなくて。

子どもの考えを取り上げる工夫で、多様な考えが提供され、意見の交流や認め合いが始まることに。

これはどうなるかな？○○君。
なるほど、○□さんの意見は？
△△だと思います…。
私はちょっと違って、こう思います。
さあ、二つの意見が出たね。他の子はどうかな？
こうじゃない？

●さらにこんなやり方も！

授業中の様子から、クラスがまとまっているか、問題はないかを診断することができます。どんどん子どもの考えが出される教室は、クラスにまとまりがあり、子ども同士の関係もおおむね良好ということが言えます。

第3章

困った子も素直になる!

問題行動を防ぐ指導

1 上に立って指導する

特に反抗的な子や指導を素直に受け入れない子には、感情的になって、対等に張り合ってしまいがちです。

◆人生の先輩・教師として

近年、教師に反抗的な態度をとったり、無視したりする子が増えています。教師は、ついカッとなり、感情的に声を荒げてしまいます。しかし、子どもと対等に張り合ってはいけません。人生の先輩として、教師として、子どもの上に立って冷静な指導を心がけましょう。

◎…集団の中で育てる

態度の悪い子に意識が集中してしまいがちですが、他の子にも目を向けるように心がけましょう。より多くの子に教師の意図を理解させ、素直に指導を受け入れられる集団に育てることが大切です。反抗的な子も、そのような集団の中では、表だって教師に反抗することができなくなり、徐々に指導を受け入れるようになります。

◎…挑発に乗らない

教師が叱れば叱るほど反抗し、挑発さえする子もいます。挑発的な態度や言葉は無視して、冷静に指導を続けることです。もし、子どもの挑発に乗って感情的になってしまえば、指導の効果はまったくなくなってしまいます。また、友だちと対等に張り合っている教師の姿を見て、他の子は、どう感じるでしょう。子どもの挑発に乗ることで、教師の威厳は失墜してしまいます。見ている子に「余裕だな」と感じさせるくらい、穏やかな中にも毅然とした姿勢で子どもに指導しましょう。

★子どもの上に立つ指導をするためには…

教師が感情的になると、指導が入らないだけでなく、子どもと対等に映り、他の子の信頼も失うことに。

真面目に先生の話を聞きなさい！
ちゃんと聞いてるよ。それで？
なんですか、その態度は！反省してないわよ！
反省してますよ。反省すればいいんでしょ？

他の子どもとの信頼関係を深めつつ、冷静に指導することで、どの子も指導を素直に受け入れることに。

もしも、こんなことがあったとしたら、みんなどう思う？
それは絶対に許せません。
みんなで注意し合えばいいと思います。
まずい。オレのことじゃん！気をつけなきゃな…。
さすが○年△組のみんなは、すごいよ！

●さらにこんなやり方も！

個人的に直接指導しても効果が期待できない場合は、名前を伏せて問題事象を一般化し、クラス全体の中で間接的に指導する形をとります。当事者は、「自分のことだ」とわかっているので、かなりの緊張感で教師の指導を受けることになります。

2 規律の遵守に目を光らせる

わずかな規律の乱れが、大きな問題につながる恐れがあります。問題行動を防ぐために、規律を守らせることが重要です。

◆必ずひと言を！

学校や学級のきまり、学習規律や生活態度などは、徹底して守らせることが必要です。柔らかい言葉で十分です。「それ、やってもいいのかな？」などと一声かけるだけで、子どもは、教師が規律に目を光らせていることを感じ取ります。ルールを守らない子を目にしたら、必ず声をかけて注意を促すことで、子どもの意識を高めましょう。

◎…ダメなものはダメ！

子どもは、ことあるごとに担任を試してきます。「これやっちゃダメ？」「ちょっとおまけしてよ！」…と。時には、譲歩することが必要な場合もあるでしょう。しかし、「ここは譲れない」というところは、子どもが不平を口にしても、心を鬼にしてはねつけることが必要です。「ちょっとだけなら」という少しの油断が、「あのとき、先生はこうした」と子どもの歯止めを効かなくして、後々大きな問題に発展する場合があります。

◎…授業規律が全ての基本

人の話を聞く、返事をする、指示された作業を行う、周りに迷惑をかける行為を慎む…。授業の規律を守ることにより、子どもは落ち着いて学校生活を送ることができるようになります。今一度子どもたちの授業規律の遵守について見直し、丁寧に指導するように心がけましょう。

★規律あるクラスにするためには…

たった一度、きまりを破ったことを見逃すだけで、後に大きな問題に発展する恐れが。

お父さんのお土産のバッジ、持ってきてもいいでしょ？
お土産なら仕方ないか…。
ボクも、おばあちゃんからもらったキーホルダー、持ってこようっと♪

些細なことを守らせることが、後の問題を予防し、子どもが素直に指導を受け入れることに。

お父さんのお土産のバッジ、持ってきてもいいでしょ？
持ってきちゃいけないきまりだよね。家で大切に飾っておきなさい。
必要のない物を持ってきちゃいけないんだったな。

●さらにこんなやり方も！

子どもに譲歩する場合でも、「担任が決めた」と思わせることを忘れずに。「みんな、よくがんばったから、おまけしてあげよう」といった具合です。決定権は担任にあることを、子どもに感じさせておくことが大切です。

3 クラス全体に浸透させる

担任の思いや指導が、クラスの全員に浸透していないと、教室の秩序が乱れ、さまざまな問題が起こってしまいます。

◆秩序を守るために

クラスの全員に、担任の思いや指導を浸透させることが、教室の秩序を守り、問題を防ぐことにつながります。「言っていることが違う」「ひいきしている」といった混乱を防ぐ必要があります。一人でも「知らなかった」ということがあってはいけません。

◎…個々の質問を全体に広げる

「先生、これはどういうきまりですか？」と尋ねてくる子がいます。このとき、質問してきた子だけに応えを返すのではなく、クラス全員に向けて指導します。全員でルールの確認を行い、全体に指導を浸透させておくことが重要なのです。子どもからの質問は、気づかなかった問題に気づかせてくれるものです。「クラスにとって貴重な問題提起」と考えて、全体に指導するのを忘れないようにしましょう。

◎…担任の思いを子どもに浸透させる

「本音を出し合おう」「ウソや言い訳は止めよう」といった担任の強い思いも、子どもたちに浸透させなくてはなりません。

そのためにも、本音を出し合って活動できた子どもたちや、ウソや言い訳をせず素直に反省することができた子には、クラス全体の前で、思い切りほめるようにします。その様子を見て、子どもたちに教師の思いが浸透していくのです。

★クラスの秩序を守るためには…

指導が全体に浸透していないと、混乱が生じ大きな問題に発展する恐れが。

マンガの本を持ってきていいんですか？
雨の日だけね。特別だよ。
え～！前に『ダメ』って、ボクに言ったよね!?
え～っ？そんなこと言ったっけ？

指導を全体に浸透させることで、混乱なく教室の秩序が保たれることに。

マンガの本を持ってきていいんですか？
みんな集まれ！マンガのことだけど、雨が降って外で遊べないときだけ許可しようと思うんだけど。
一人でもきまりを破ったら、すぐに中止だよ。

●さらにこんなやり方も！

休み時間などで、全員を集められない場合は、黒板に書いておいたり、全員がそろってから改めて指導したりしましょう。欠席の子にも、登校したら必ず伝えます。細かなことでも、忘れずに全員に指導することが大切です。

4 気持ちを共有させる

クラスの団結や友だち関係がうまくいかない理由の一つに、「友だちの気持ちがわからない」ことがあげられます。

◆我も人なり彼も人なり

クラスがしっくりいっていないとき、どの子も不安を感じています。子どもは、自分中心に物事を考え、友だちの気持ちを考えることすら考えつかないのが普通です。こういったときは、他の友だちも同じように不安を感じていることに気づかせることから始めます。

◎…「同じ気持ちの仲間」意識を

教師が「最近クラスが楽しくないなと感じます。先生と同じように感じている人手をあげてね」と尋ねると、ほとんどの子どもが手をあげます。それを確認した後で、「みんな同じ気持ちだよね。先生一人だけじゃないんだ。安心した」と、たったこれだけのことでも、子どもたちはホッとするものです。「不安に感じているのは、私だけではないんだ。みんな同じなんだ」ということに気づかせてあげると、周りの友だちが近しく感じられるようになるものです。

◎…子どもの本音を大切に

子どもの本音を引き出さなくては、真の意味で仲の良い集団に育てることはできません。子どもが本気になる楽しいイベントなど、クラスが一丸となって楽しめる活動を、どんどん取り入れましょう。子どもが本音でぶつかる活動を工夫することにより、子どもが互いを理解し合い、同じクラスの仲間としての意識を高めていくことができます。

★気持ちを共有させるとは…

みんな、友だちと仲良くしなくちゃいけません。
楽しくないでしょ！
そんなのわかり切ってるよ！
あの子、何考えてるのか、わからないもん……

理想を言葉で伝えるだけでは、子どもの心に伝わらず、教師に反感を持つ恐れも。

何となく変な空気だね。先生、不安だよ。
先生と同じ気持ちの人、手をあげて。
あれっ？あの子も不安だったんだ。
なんだ。みんなボクと同じ気持ちだったんだな。

友だちも同じ気持ちだということをわからせると、子どもたちが互いに親しみを感じられることに。

●さらにこんなやり方も！

ジャンケン列車やバースデーチェーンなど、楽しみながら関わりを持てるゲームをどんどん取り入れましょう。友だちと関わる中で、友だちの良さを発見したり相手の気持ちに気づいたりして、本音を言い合えるようになっていきます。

5 子どもの「背景」を探る

家庭状況は、子どもの成長に大きく影響します。特に気になる子に対しては、その言動の背景に目を向ける必要があります。

◆問題行動の原因を探る

言葉が乱暴な子、暴力をふるう子、正直になれない子など、教室にはさまざまな問題を抱えている子がいます。これらの問題行動は、家庭に起因していることがほとんどです。教師には、保護者・家庭といった、問題行動の背景にも考慮することが必要です。

◎…「背景」を探り指導に生かす

気になる行為が繰り返される場合、その子の保護者を思い浮かべてみましょう。ウソをつく子の保護者が厳格で真面目、乱暴な子の保護者が荒っぽい育て方をしている…といったように、保護者の子どもへの対応の仕方に原因があることが多く見受けられます。しかし、「保護者に原因があるのだから」と、全ての責任を家庭に押しつけてはいけません。子どもが抱える問題の背景を探り、担任としてできる指導に生かすようにします。

◎…「認める」「ほめる」

多くの場合、問題行動を繰り返す子は、認められた経験・ほめられた経験がほとんどありません。何をしても叱られたり、さらに向上することを求められたりして育ってきたのです。そのような問題の背景を持つ子の場合には、特に良い行いに目を向けて、些細なことでも認め、ほめることを繰り返していくことが大切です。

★子どもの行動の「背景」を探るには…

保護者・家庭に責任を押しつけるばかりでは、指導力は向上せず子どもも変容しないことに。

どうしてウソをつくんだ？
最初から正直に言いなさい！
まったく…！
家でしっかり指導
してほしいよ！
大体あの親は…。

問題行動の原因を探り、指導に生かすことで、指導力も向上し子どもも変容することに。

よく本当のことを言ってくれたね。
最初から言えたら、もっと良かったけど。
でも正直に言えて、勇気があるよ。
きっと家で厳しく
怒られてるんだろうな。
学校では本音を話せるよう
にしてあげなくっちゃ！

●さらにこんなやり方も！

近年言われるようになった、アスペルガー症候群やLDなど、子どもの中には、医学的な問題を抱えている子もいます。専門家や管理職などに相談しながら、保護者の理解を得て対応することも必要になってきました。

6 ウソや言い訳を見抜く

時に子どもは、ウソをついたり言い訳をしたりします。どのような場合でも、子どものウソや言い訳を許してはいけません。

◆ウソや言い訳は許さない

子どもは、失敗したり、叱られたりすると、自分を守るためにごまかしたり、言い訳をしたりします。それを教師が鵜呑みにすれば、「上手に言い訳(ウソ)をすれば、ごまかすことができる」と思わせてしまいます。これは何よりも子どもにとって不幸です。ウソや言い訳には目を光らせましょう。

◎…目を見てじっくり話を聞く

「これはウソをついているな」「言い訳しているな」と感じたとしても、最後まで子どもの話につき合うことです。詳しく話を聞いていけば、事実との矛盾が暴露されていきます。子どもの目を見据えて話を聞けば、その表情から、ウソか真かはおおよそ見当がつきます。その後で矛盾点を深く追求したり、他の子の話と照らし合わせたりして、事実関係を確認し、真実を言わせるように導きます。

◎…優先順位をつけて指導

子どものウソや言い訳が発覚したら、何をさておいても、そのことを厳しく指導しなくてはなりません。

子どもには、自分の間違った行為を認め反省する「素直さ」を育てなくてはなりません。ウソや言い訳をする癖は、子どもの力を伸ばすために大きな障害になります。

★ウソや言い訳を許さない姿勢とは…

ウソや言い訳を許しておくと、「ごまかしがきく」と思い込み、教師の指導を素直に受け入れなくなる恐れが。
宿題を家に忘れました。
やってあるけど忘れたの？
仕方ないわね…。明日、ちゃんと持ってくるのよ。
先生をごまかすなんて、軽い軽い！

「ウソや言い訳は許さない」という姿勢を貫くことで、子どもは心から反省し、教師の指導を素直に受け入れる。
宿題を家に忘れました。
やってあるけど忘れたの？
じゃあ放課後、先生一緒に家に行くから、渡してね。
ごめんなさい！本当は、やっていません。

●さらにこんなやり方も！

失敗やあやまちを自ら進んで申し出てきた場合は、叱るのではなく、正直に反省できたことを大いにほめてあげましょう。担任に申し出た時点で、本人は反省しているはずです。自らの行いを反省し申し出る潔さは、賞賛に値する行為です。

7 本音を引き出す

子どもの本音が見えてこそ、子どもが抱える問題を察知し、素早く対応することが可能になります。

◆子どもは本音を隠している

一見すると、問題がないように映るクラスでも、問題が隠れている・見えない状態にある場合が多々あります。特に、表だったケンカのないクラスでは、緊張した環境の中で本音を隠し、互いに様子を探り合っていることも考えられます。こうしたクラスには、子どもが本音でぶつかり合う環境をつくることが必要です。

◎…友だちの気持ちに気づかせる

自分が楽しいと感じるときは友だちも楽しいと感じ、不安なときは同じように友だちも不安に感じている…。ごく当たり前のことのように思えますが、案外子どもはこれに気づいていません。特に、最近の子どもは、他人の気持ちに無頓着で、自己中心的な子が多いようです。ケンカや言い合い、楽しいことや嬉しいことがあったときなどの機会をとらえ、「自分と同じように、友だちも不安や喜びを感じる存在である」ことを子どもたちに教えていくことが大切です。

◎…本気になる活動を

子どもを本気にさせるためにもっとも簡単で効果的な方法は、楽しい学級イベントをできる限り行うことです。子どもは本気で活動して夢中になったときに、本音を出してきます。そこから、友だち関係や子どもが抱える課題を把握することができ、対応することが可能になります。

★子どもの本音を引き出すには…

子どもの「表面」だけを見てばかりでは、問題を発見できず、大きなトラブルへと発展する恐れが。

みんな、静かに授業を受けて大変よろしい！
ちょっとでも目立つことをしたら、何を思われるか…。
当てられないように、真面目にやるフリをしなきゃ！
自信のあることしか発表しないぞ。

子どもが本音を出せるように工夫することで、問題が把握でき、早めの対応が可能に。

みんな、黙って座っていて、楽しいかい？
つまらないし、変だなと思う人？
なあんだ。みんな同じこと、思ってるのか。
ちょっと安心したよ。

●さらにこんなやり方も！

掃除や給食も、子どもの本音が表れる時間です。雑巾がけなど人が嫌がる仕事にどのように取り組むか、こぼれた食品にどう対処するか…。子どもたちの人間関係や、責任感や奉仕の精神といった心根を垣間見ることができます。

8 ケンカを学びの場に

子どもにとって、ケンカは大切な学びの場です。むやみにケンカを止めるのではなく、ケンカから学ばせるようにしましょう。

◆ケンカの価値を見直そう

一般的に「ケンカは良くない」と言われます。しかし、子どもはケンカによって、友だちの本心に気づき、自分の非を考えるようにもなります。また、「仲直り」をすることで人間関係の修復の仕方も学んでいるのです。ケンカは学びの場としての価値も大きいと思います。

◎…仲良しにケンカはつきもの

子どもたちが一緒に生活していると、必ずケンカは起こります。「ケンカをするな」と、防止するのではなく、「なぜケンカをするのか」「ケンカの良いところはどこか」といったことを子どもたちに考えさせます。日頃ケンカによって学んでいる子は、人間関係で大きな問題を抱えることなく、力強く成長することができるものです。

◎…ケンカで学ばせるポイント

ケンカがあったら、互いの言い分を一人ずつ納得いくまで話をさせます。その後、周りの子からの情報と照らし合わせて、事実確認をし、両者に確認をさせます。次に、相手の何が気に入らなかったのか、何が相手を怒らせたのかを、互いに考えさせ、伝え合わせます。そして、自分が悪かったところはどこか、どうすればケンカにならなかったのか、今後どうすれば良いのかを考えさせます。頭ごなしに叱るのではなく、子どもに考えさせることがポイントです。

★ケンカを学びの場とするためには…

「ケンカは悪い」と止めるだけでは、何も学ぶことができず、後に遺恨を残す恐れが。

お前が、悪い！
オレは悪くない！あやまれ！
ケンカはいけません！二人とも謝りなさい！
絶対オレは悪くない。
覚えてろよ！

「ケンカから学ばせる」指導によって、子どもが自ら反省し、相手の気持ちを考え、関わり方を学ぶことに。

自分の悪かったところは？
考えてごらん。
カッとなって「バカ」って言っちゃったことだよな…。
無理なこと言って怒らせちゃったな…。

●さらにこんなやり方も！

ケンカとは、対等な意見のぶつかり合いであり、対等な感情のぶつかり合いです。優劣や強弱などの力関係を子どもが感じていれば、ケンカは起こりません。ケンカができる子どもの関係は、「正常」だと考えるようにしましょう。

9 いじめは芽のうちに摘む

いじめられる子はもちろん、いじめた子も不幸にするのがいじめです。いじめには、全力を投じて対応しなくてはなりません。

◆深刻になってからでは手遅れ

子どもたちの間では、些細なことがきっかけとなり、イタズラや無視、仲間はずれなどが始まります。これに気づかずすぐに対処しないと、深刻ないじめに発展します。そうなってからでは、すでに手遅れです。いじめを防ぐためには「かすかな兆候を見逃さない」ことです。

◎…いじめの芽を発見！　即対応！

グループづくりをすると、かなりの確率でなかなか入れない。話の輪の中に入ったり授業中に発表をしたりすると、周りの子が空々しい態度になる。持ち物に触れたがらない。からかわれたり非難の対象にされたりする。もし、クラスにそのような子がいたとすれば、そのまま放っておくと、後々いじめに発展する恐れがあります。周りの子どもたちの行為を指導し、その子が安心して楽しく過ごせる環境づくりに力を入れるようにしましょう。

◎…いじめ撲滅宣言を

人を不幸に落とし入れ、最悪の場合、命が奪われる。いじめの恐ろしさを子どもたちに教えておきます。そして、担任だけでなく、学校全体・保護者・地域、そして世の中が、いじめと闘わなくてはいけないことを伝えておきます。機会あるごとに、いじめの恐ろしさを子どもに考えさせることが必要です。

★いじめを芽のうちに摘むためには…

「遊び」といって見過ごしては、後に深刻ないじめに発展する恐れが。
何してる？ 一人の子によってたかって…。
戦いごっこしてるだけだよ。
仲良く遊んでるよ。
遊びか…。ケガだけはしないようにね。

少しでも引っかかりを感じたら、すぐに対応することが、深刻ないじめを防ぐことに。
何してる？ 一人の子によってたかって…。
戦いごっこしてるだけだよ。
仲良く遊んでるよ。
先生はそう思わない。詳しく話を聞こうか。

●さらにこんなやり方も！

子どものちょっとした言葉や行動から、子どもの気持ちや子ども同士の関係を感じ取る力を身に付ける必要があります。子どもの様子や教室の雰囲気に「引っかかり」を感じる感覚を磨いていきましょう。

10 心に響く叱り方を

教師が子どもを叱るのは、子どもへの愛情の証です。子どもへの思いが伝わるような叱り方になるよう心がけたいものです。

◆好きだから叱る

「叱る」という行為は、いつでも子どもたちの成長を願う教師の思いが込められていなくてはなりません。子どもを思う気持ちがなければ、叱るべきではありません。教師は、目の前の子どもが好きだから、さらに向上してほしいと願う気持ちがあるからこそ叱るのです。

◎…子どものためを思って叱る

一方的にこちらの思いを伝える叱り方をしてはいないでしょうか。相手が子どもだからと、荒っぽい理屈で叱ってはいないでしょうか。気が収まらないから、自尊心を傷つけられたから叱るのではなく、子どもの成長を願って叱るよう、常に心がけることです。

◎…「大切に思う気持ち」を伝える

教師は、子どもに「良くなってほしい」という強い気持ちから、苦言を呈し、厳しい言葉も発します。しかし、子どもからすれば、叱られることで、「先生に嫌われている」と思いがちです。教師の子どもを思う気持ちを理解してもらうためにも、時には、「君なら必ずできると信じているから厳しいことを言うよ」といったひと言を先に付け加えるようにします。「大切に思われているからこそ叱られるんだ」ということがわかれば、教師の指導は、必ず子どもの心に響くものです。

★子どもの心に響く叱り方とは…

わかったか！
次にやったら承知しないぞ！
ごめんなさい。
もうしません。
先生は、僕のこと
嫌いなんだ…。

教師の気持ちが伝わらなければ、指導の効果はなく信頼関係が損なわれる恐れが。

先生が、なぜこんなに
怒っているか、わかるか！
もしものことがあったら
お母さんだって悲しむんだぞ！
ごめんなさい。
もう危ないことはしません。
先生は、ボクのこと、
本当に心配してくれたんだ…。

教師の気持ちが伝わる叱り方で、子どもは心から反省し、信頼関係も深まることに。

●さらにこんなやり方も！

叱るときは、しつこく同じことを繰り返さずに、スパッと叱るよう努めましょう。叱った後も、いつまでもしかめっ面をしていないで、一通り叱り終えたら、何事もなかったように笑顔で子どもに接するように心がけましょう。

11 納得のいく叱り方を

特に、厳しく叱るときは、子どもが納得するように努めなくては、信頼を失い、後のトラブルのもとになる恐れがあります。

◆「自分が悪かった」と思わせる指導を

教師が子どもを叱るのに単に厳しく指導するだけでは、子どもはその気迫に謝らざるを得ない状況に陥るだけです。心から納得してはいない場合も出てきます。「自分が悪かった」「先生が怒るのは当然だ」と、子どもが納得する叱り方になるよう心がけたいものです。

◎…理由を理解させる

子どもに叱る理由をしっかり考えさせなければ、自分の行いをふり返って反省することも、次に生かすこともできません。特に、厳しく叱るときは、その理由を納得させることが大切です。叱られる理由を理解することで、子どもは反省するのです。ただ単に「これはダメです」と叱るのではなく、なぜダメなのかを考えさせたり教えたりすることです。そのことによって、子どもは「先生の言うことはもっともだ」と、教師の指導に納得するのです。

◎…子どもを憎まず

叱るときは、子どもの行いを叱ることに心がけましょう。その子を否定するような叱り方をしてはいけません。「だから君は…」「また君か…」等は、子どもを傷つける言葉です。そのような叱り方では、子どもは決して納得することはありません。誰であっても同じように行為を叱ることで、子どもは心から納得するのです。

★子どもが納得する叱り方とは…

人格を否定するような叱り方では、子どもは教師の指導に納得することはできない。

くどくど
いつも君は…。
くどくど
まったく、だから君は
いつまでたっても…。
くどくど
くどくど
あ～、うっとうしい！
どうせオレが悪いんでしょ！

行いを正し、自らを省みさせる叱り方によって、子どもは納得して教師の指導を受け入れることに。

これをしたことは、悪い！
どうしてかわかるか！?
確かに悪かったよな…。
だって……。

●さらにこんなやり方も！

大人になった子どもの姿を想像して叱るのも一つの方法です。子どもが将来大人になったとき、「あのとき先生に叱られたのは、確かに自分が悪かったからだ」と、納得する叱り方ができたかを考えるようにします。

12 自らを省みる力を付ける

子どもが自らを省みて反省し、自分で自分を律する気持ちを育てることが、問題行動を防ぐことにつながります。

◆自分を律する心を育てる

何度注意しても同じあやまちを繰り返し、人から注意されるまで、自分の行いを正そうとしない子には、自律心が育っていません。自分で自分を律する気持ちを持たせ、それを行動に移す力を育てない限り、いくら指導しても困った行動を繰り返す恐れがあります。

◎…子どもに問いかける指導を

自分を律する力が弱い子は、無意識のうちに、自分で考えるより教師から注意されている方が楽だと思ってしまいます。気の向くままに自分の好きなことをやり、注意されたら止める…。そんなことを繰り返していきます。そこで、どうすればいいのかを子どもに問いかけたり、自分の行為をふり返らせたりして考えさせ、行動に移させる訓練が必要です。続けるうちに、徐々に立ち止まって考えるようになっていきます。

◎…やるべきことをやらせる

自律心は、教師が意図して鍛えてやらなくては身に付きません。例えば、掃除や宿題などは、「やらされる」感覚のものです。「やらねば。でも、できればやりたくない」という心の葛藤に打ち勝つ経験を重ねながら、次第に子ども自ら進んでできるようになっていきます。「やるべきことをやる力」を鍛えることで、自律心を育てましょう。

★子ども自らが省みる力を付けるには…

教室でボール遊び
なんかしたら、危ないだろう。
窓ガラスが割れるかもしれないし、
もし友だちがケガでもしたら…。
……。

自らの行為を省みさせない指導では、いつまで経っても、同じ問題が繰り返されることに。

どうして先生に呼ばれたか、わかるか？
教室の中でボールを蹴っていたから。
どういう危険があるか、考えてみなさい。
ガラスが割れる。
友だちに当たってケガを
させる。それから…。
もしそうなったら、
どうなるか、わかるか？

子どもに自らの行為を省みさせることで、自分で考え自分を律する気持ちが芽生えることに。

●さらにこんなやり方も！

「自分でやったことは自分で責任をとる」ことも教えていかなくてはなりません。自分の行動に責任を持つことで、子どもは自らを省みるようになり、自分を律していくことができるようになります。

13 授業で心を鍛える

授業は、教科の学力形成の場であると同時に、忍耐や協調といった人格形成の場でもあります。

◆人格形成の場としての授業

授業が始まれば、気分が乗らなくても遊びたくても、やるべきことはやらなければなりません。「忍耐力」「集中力」「素直と謙虚さ」「勇気」「責任」「協力」等々、授業中にはさまざまな力が試されます。授業を通じて、子どもは心を鍛え、人として必要な力を身に付けていくのです。

◎…全員の心を鍛えるために

授業中、ぼうっとしていたり、ふざけたりする子をそのままにしておいては、その子の学力形成も人格形成も保障することができません。全員を鍛えるためには、挙手発表から指名発表へ、「できた人？」から「まだの人？」という問いかけへ、「考えなさい」から「書きなさい」という指示へと、授業の進め方を工夫する必要があります。

◎…鍛えられるべきは子ども

必要以上に親切な指導では、子どもを鍛えることができません。教師からの丁寧な説明に時間を割くより、子どもたちに作業時間を与えた方がずっと効果的です。また、細かな赤ペンよりも、バツを一つ打つ方が子どもの意欲をグッと高める場合もあります。親切すぎる指導は、かえって子どもの意欲や自主性を奪ってしまう危険があるのです。鍛えられるべきは、教師ではなく子どもだということを忘れてはいけません。

★授業で子どもの心を鍛えるためには…

全員を参加させる工夫のない授業では、やる気のない子の学力も心も鍛えられないことに。

これについて、考えましょう。
これは…
たぶんそれが…
こうなって ああなって…
考えるフリだけして おけば、わかりっこないさ。
放課後の遊びでも考え ようっと♪

全員を参加させる工夫によって、全員の学力形成と人格形成を保障することに。

これについて、考えを ノートに書きましょう。
ノートに書かないと ダメなのか。こりゃ〜ぼうっと してられないぞ。
もっと真剣に話を聞いて おけば良かったよ。

●さらにこんなやり方も！

子どもは45分間緊張感を保ち、集中力を持続できるものではありません。緊張の連続では、集中力は持続せず、かえって害が大きくなります。脱線話や子どもとの掛け合いで、息をつく時間を作りましょう。授業には、適度な「ゆるみ」も必要です。

第4章

クラス運営が楽になる!

保護者との関係づくり

1 子どもを向上的に変容させる

保護者にとって、子どもが成長する姿を見ることは最大の楽しみです。子どもの成長いかんによって、親は担任を評価します。

◆子どもの姿で伝える

「○○になってほしい」と、保護者は、子どもが向上的に変容することを期待しています。頻繁に顔を合わせる機会の少ない分、保護者は子どもの姿を見て担任を評価しています。子どもの向上的変容を促すことは、保護者の信頼を得るために必要不可欠です。

◎…文字を丁寧に書かせる

子どもの変容をもっとも早く感じることができるのが、文字の丁寧さです。特に、低学年の子どもの保護者や、子どもの学習に熱心な親などは、子どものノートをチェックする機会が多いもの。学校で勉強したノートや宿題が、丁寧な文字で書かれていれば、「しっかり指導してくれている」と、安心します。文字を丁寧に書かせる指導を継続して行いましょう。

◎…「しつけ三原則」に取り組む

「ハイという返事」「あいさつ」「履き物をそろえる」。この三つができれば他のしつけはできるようになる。これは、森信三の「しつけ三原則」です。時間は掛かりますが、毎日繰り返し指導すると、子どもは家でも実践するようになっていきます。我が子が、礼儀正しく変容する姿を喜ばない親はいません。「三原則」に限らず、親への感謝、言葉遣いなども学校でしっかり指導するようにしましょう。

★子どもの向上的な変容を促すとは…

体裁を取り繕った言葉だけでは、親の不信感を大きくすることに。

『勉強はしっかり教えています。
安心してください。』って、
娘のノート、無茶苦茶じゃないの！
適当に書いて
早く遊ぼうっと！

「子どもが変わった」と感じることで、親は教師を信頼することに。

真剣に勉強するようになったわ。
ノートも丁寧に書くようになったし…。
先生のおかげね！
丁寧に書くことが
大切だって、いつも先生に
言われてるもんね。

●さらにこんなやり方も！

当番活動や係活動により、クラスへの所属感や集団での存在感を高めることで、子どもは生き生きと登校するようになります。「学校が楽しい」という姿だけで、多くの親は満足です。なかまづくりや楽しい授業づくりに力を入れましょう。

2 全力で日々の指導に取り組む

子どもとの会話や他の保護者からの情報で、保護者は、担任が一生懸命子どもの教育に取り組んでいるかどうかを感じています。

◆教師の姿勢は伝わる

親は、子どもの会話や様子、他の保護者からの情報などにより、担任の「やる気」を感じ取っています。大体の様子は、子どもの姿を通してわかるものです。一生懸命指導してくれる担任を、保護者は望んでいます。教師は、やる気を持って、いつも全力で取り組まなくてはなりません。

◎…さまざまなアイデアを実践する

子どもに学力を付けたい、生き生きとした楽しいクラスにしたい…。そう思わない教師はいません。しかし、思うだけではダメです。子どもを伸ばすためには、子どもが楽しんで取り組めるような指導を考え、実行することです。特に若いうちは、広く情報を集めて学級経営や授業にさまざまなアイデアを取り入れていきましょう。やる気ある姿が親には頼もしく映り、「任せておけば大丈夫」と信用してくれます。

◎…問題には真摯に対応

ケンカがこじれた、勉強がわからないといった問題が起きたら、時間をかけて子どもに関わり、必要であれば家庭訪問をするなどして、真摯に対応することが大切です。

子どもが抱える問題や悩みに惜しみなく手を差し伸べる教師、子どものことを第一に考える教師を親は応援し、惜しまず協力してくれるようになります。

★全力で日々の指導に取り組むとは…

失敗を恐れてばかりいては、かえって親から「やる気がない」と思われる恐れが。

たまには何か、変わった面白いことをやろうよ！
そうね〜。でも、あまり変わったことをやると、隣のクラスから文句が出るわよ。
後で管理職や親に何か言われたら大変だわ…。

子どもを伸ばすアイデアをどんどん実践することで、親から「がんばってくれている」と、信頼されることに。

たまには何か、変わった面白いことをやろうよ！
そうね〜。それじゃあ、靴飛ばし大会やろうか!?
子どもに、企画力や運営力が身に付くわね。念のため、他の先生方にも報告しておきましょう。

●さらにこんなやり方も！

失敗や親からの批判を恐れてばかりいると、気持ちが小さくなり、思い切った実践はできません。特に若いうちは、とにかくやってみることです。たとえ失敗したとしても、それは教師としての貴重な経験となって、役立つものです。

3 教師を理解してもらう

保護者との信頼関係を築くためには、保護者に教師を理解してもらうことから始める必要があります。

◆「保護者理解」より「教師理解」

子どもや保護者に、自分を理解してもらうことなくして、信頼関係は築けません。教師の人柄がわかって初めて、保護者は親しみを持ち、理解しようと思うのです。

◎…保護者会で理解を深める

保護者会は、担任と保護者が直接顔を合わせることのできる貴重な場です。保護者は、担任の人柄や教育観などを知りたいと思っています。保護者会では、自分を知ってもらえるような工夫をしましょう。例えば、「担任クイズ」などを企画して、楽しく自己紹介をします。担任を近しく感じてもらい、好印象を持ってもらうことで、信頼関係を築く第一歩にすることができます。

◎…学級通信で理解を深める

学級通信も、担任を知ってもらうための効果的なツールです。単に子どもの様子や作品を伝えるだけでなく、ひと言「担任はこう思う」「こんなところに感動した」など、自分の考えや感想を書いて伝えるようにします。

教師の子どもの見方や、子どもの様子に対する感じ方を伝えることによって、保護者に、子どもに対する指導の根底に流れる教師の考え方や思いを理解してもらうことができます。

★保護者に教師を理解してもらうには…

教師の人柄や考え方がわからなくては、保護者は担任に親しみを持てず、信頼関係が築けないことに。

運動会では、子どもたち、よくがんばりました。
今月は、音楽会があります。子どもたちは…
子どもの様子はわかるんだけど…。
この先生、何を考えてるんだか、ちっともわからないわ。

教師の人柄や考え方を伝えることで、保護者は親しみを持ち、信頼関係が築かれることに。

運動会では、子どもたち、よくがんばりましたし、私、その姿を見て感動しました！きっとおうちの方も……
明るくて楽しい人ね。やる気満々だわ！
きっと、子どもたちのこと、大好きなのね！

●さらにこんなやり方も！

現在はインターネットの時代です。自分のブログやホームページを紹介するのも一つの方法です。その場合、読む人が元気になる内容を心がけ、過激な表現や批判的にならないように細心の注意を払いましょう。

4 教師の教育観を伝える

担任がどのようなねらいで子どもを指導しているのかを、保護者に伝えておくことが大切です。

◆指導への理解を得る

保護者は、担任がどのような考え方で毎日子どもを指導しているのかについて関心があります。保護者会や学級通信、家庭訪問など機会があるごとにそれを伝えましょう。具体的な子どもの様子を交えながら伝えることで、教育観や指導方針を理解してもらうことが大切です。

◎…具体的な事例を交える

ただ単に、「私は、子どもを強く育てたいと思っています」と説明するだけでは、保護者にはピンときません。子どもの様子や子どもに対する指導の実例をあげながら話を進めていくことです。

「最近、チャイムが鳴るとすぐに授業の体勢に入る子が増えました。自分で考えて行動する力が身に付いてきた証拠です。私は、子どもの自主性や自律心を高めたいと思っています」
といった具合です。

◎…プロの自覚と自信を持って

教育観や指導方針を伝えるときは、子どもを教えるプロという自覚を持って語りましょう。教育論や指導方法については、保護者がいかに年上であっても、高学歴であったとしても、自信を持って話せるように、日頃から考えたり学んだりしておくことが必要です。

★教師の教育観を保護者に伝えるには…

担任の教育観や指導方針が伝わっていないと、親には意図がわからず、誤解が生じる恐れが。

どうしたの!? 何があったの?
先生に怒られた。あのね……
どういうつもりかしら? 理解できないわ!

担任の教育観や指導方針を伝えることで、親は指導に理解を示し、協力を得られることに。

どうしたの? 何があったの?
先生に怒られた。あのね……
先生は、言い訳は許さないって言ってたよ。叱られて当然だよね。

●さらにこんなやり方も!

教育観や指導方針への理解を得るためには、日頃の具体的な実践を大切にすることです。具体的な事実の裏付けがあって初めて、保護者は担任の教育観を理解し、子どもへの指導に協力する気になるのです。

5 子どもの様子を伝える

保護者は、子どもが学校でどんな様子なのかを知りたいと願っています。できる限り子どもの様子を伝えることが大切です。

◆担任から進んで伝える

保護者には、学校での子どもの様子を知る手段が限られています。ですから、担任が進んでそれを伝える必要があります。担任の指導を理解してもらうことで、協力関係を築くこともできます。また、意思疎通を図ることで、余計な誤解や行き違いを防ぎます。

◎…学級通信の勧め

子どもの様子や担任の指導を伝えるために有効な手段と言えば、学級通信です。学級通信には、「授業や遊びの様子・子どもの作品・教師の考え」など、クラスの様子を伝えるようにします。学級通信を発行することにより、保護者は、教師の指導を理解したり学級の課題を共に考えてくれたりもします。学級通信が親子の会話の種となり、さらに保護者に学校の様子が伝わるといった効果もあります。

◎…宿題の活用

「国語や算数のノートを見せる」「学活のことを日記に書く」などを宿題にするのも効果的です。ノートや日記が話題の種になり、学校での様子が伝わります。子どもがちゃんとノートや日記を見せたかどうかを確認するために、保護者のサインを書いて持ってこさせるようにしましょう。たまに、サインに加えて、保護者からの嬉しいメッセージが書き添えられていることがあります。

★学校での様子を保護者に伝えるには…

意図して伝えなければ、子どもの様子が伝わらず、保護者が不安になり、誤解が生じる恐れが。

学校、どうだった？
何か変わったことあった？
ふつう。
別に何もないよ。
学校の様子が、
全然わからないわ…。

意図して伝えることで、子どもの様子が伝わり、保護者と担任との連携が密になることに。

へー。今、こんなこと勉強してるんだ。
昆虫の勉強、
してるんだね！
★学級通信★
先生が小学校の頃ね…。
…だったんだって！

●さらにこんなやり方も！

保護者会では、一人一人の子どものエピソードを交えながら伝えるようにしましょう。「○○君は、こんな意見を言うと、△△さんが…」といった具合です。子どもの名前が出ることで、保護者は喜び、より具体的に学校での様子を伝えられます。

6 指導の一貫性を保つ

一貫した指導を行うことは、子どもだけでなく保護者からの理解と信頼を得るためにも大切です。

◆保護者は指導のぶれに敏感

方法は時と場合によってさまざまであっても、教師の指導には一貫性がなければなりません。親は子どもを通じて、教師の指導に筋が通っているか、しっかり見ています。クラスづくり・子どもへの指導のねらいを日々確認し、指導がぶれないように心がけましょう。

◎…指導のねらいを説明できるように

保護者に、「なぜ、そのようにするのか」と尋ねられたとき、指導のねらいを説明できなくてはなりません。いつ尋ねられても説明できるということは、指導に一貫性があるという証拠でもあります。

「誰とでも活動できるクラス・子ども」という目的のもとに、「本気になる活動・ふれあえる場づくり」といった目標があり、それぞれの目標に沿って具体的にこのような指導をしている…といった具合です。

日頃から、子どもに対する指導が、その目的・目標からそれてはいないかどうかを常に確認するようにしましょう。

◎…不公平を感じさせない

子どもに「ひいき」「不公平」を感じさせることは、親の不信感をも生じさせます。親は子ども以上に不公平に厳しいものです。どの親にも、「我が子は大切にされている」と思わせることです。そのためにも、一貫性を保った指導に気をつけることが重要です。

★指導への理解と信頼を得るには…

指導のねらいを説明できないようでは、一貫した指導が行われていない恐れが。

遠足のグループをくじ引きで決めたそうですね？
子どもは、好きな子同士になりたいって…。
えっ？何か問題でもありましたか？
いつも、くじ引きで…。他のクラスも…。

指導のねらいをスッと説明できることは、一貫した指導が行われているという証拠。

遠足のグループをくじ引きで決めたそうですね？
子どもは、好きな子同士になりたいって…。
ふ〜ん
誰とでも活動できる子にしたいと思っています。
子どもたちは好きな者同士で…。

●これは絶対やめておこう！

「この程度のことは、放っておこうか」という少しの気の緩みが、一貫性を欠いた指導を招き、子どもや親に不信感を与えてしまいます。気分次第で指導することなく、些細なことこそ大切にしなくてはなりません。

7 安心感を持たせる

保護者が「先生に任せておけば大丈夫」と、安心して子どもを学校に送り出せることが大切です。

◆「学校、楽しい」が大原則

保護者が一番気になるのは、子どもが楽しく学校生活を送っているかどうかということです。少しでも子どもの元気がないと、とても不安に感じます。そんなときでも、「先生に任せておけば大丈夫」と思ってもらえるよう、日頃から楽しいクラスづくりに取り組む必要があります。

◎…明るく元気に

保護者は、明るく元気でやる気に満ちた教師が子どもの担任であることを願っています。直接顔を合わせる機会は多くはありませんが、保護者会などで出会ったときは、笑顔でハツラツに特に気をつけましょう。日頃も、子どもに対して元気に接することが重要です。

「先生といると元気が出る」と子どもが言えば、保護者はそれだけで安心です。

◎…全力で取り組む姿勢を

問題が起きたときこそ、保護者に安心して指導を任せてもらえるようでなくてはなりません。保護者は、教師の力強い言葉を待っています。「全力で取り組みます」と、堂々と伝えましょう。

子どもの指導に真剣に取り組む姿勢を伝えることで、保護者は安心して教師の指導を見守ってくれるものです。

★保護者に安心感を持たせるには…

子どもの様子を把握していないと、保護者に不安を与え、不信感を抱かせることに。

子どもが、友だちとうまくいかないみたいで…
へー。それは知らなかったですね。詳しく教えてもらえますか？
「知らなかった」って…。随分長い間悩んでるのに。この先生、大丈夫かしら？

日頃から子どもをよく見ることによって、保護者は安心し、教師を信頼することに。

子どもが、友だちとうまくいかないみたいで…
家でも元気がないですか。○○ちゃんとのことですね。今、クラスで…
先生、知ってたんだ。うまくいくように考えてくれてたんだわ！

●さらにこんなやり方も！

保護者会で、保護者向けの授業をするのも効果的です。子どもに行った授業で、親も真剣に楽しく取り組めるものを準備します。教師の授業を体験することで、子どもがどんな気持ちで毎日授業をしているのかがわかり、親は安心します。

8 共に考える姿勢で

家庭での子どもの態度や子育てについて、どの保護者も少なからず心配しています。

◆保護者に寄り添う姿勢で

家庭での子どもの態度を心配している親は多くいます。しかし、家庭のこととなると、有効な解決策の提案は難しいものです。この場合は、解決策を一緒に考えていきます。同じく成長を願う者として、保護者の気持ちに寄り添いながら、温かく話を聞いてあげましょう。

◎…原因を一緒に探る

家庭での子どもについて相談にやってくる保護者は、決して教師に「正解」を求めている訳でもありません。その多くは、話を聞いてほしいと思っているのです。自分の子育てが間違っていないか確かめたいのです。担任は、子どもが親を心配させる態度をとる理由を、学校生活の様子を交えながら共に考えるようにします。原因を探ることで、親が解決策の糸口を見つけ、担任が協力できることが見えてくることも少なからずあります。

◎…気楽にしてあげる

保護者の心配そうな態度に、教師まで悪い方に考えないことが大切です。「成長過程では、よくある」「どの子もそうだ」と安心させ、気を楽にさせてあげることが必要です。

不安を抱えて来校してきた保護者には、元気になって帰ってもらうことを心がけて対応するようにしましょう。

★保護者と共に考える姿勢とは…

家で、まったく言うことを
聞かないんです。どうすれば…。
はぁ〜…。学校では
良い子なんですが…。
私の教育が悪いって言ってるの？
家で厳しすぎるんじゃないの？
迷惑そうね。
来るんじゃなかったわ…。

共に考える姿勢がなくては、子どもを良い方向に導くこともできず、保護者との関係に亀裂が入る恐れが。

家で、まったく言うことを
聞かないんです。どうすれば…。
それは大変ですね…。
どうしてそうなのか、
一緒に考えてみましょう。
学校では良い子だから、
家で息抜きしてるのかな…
真剣に考えてくれるのね。
来てよかった！

共に考える姿勢を持つことで、子どもを良い方向に導く手立てが浮かび、保護者の信頼も高まることに。

●さらにこんなやり方も！

相談に来る保護者は、自分の指導に自信がないもの。子育てについて、一つの意見として教師の考えを言ってあげることも大切です。そのとき、同僚や他の教師の意見を参考にすることも必要です。

9 味方という視点で

保護者は、時に自分の指導の至らなさに気づかせてくれます。そのような保護者は、考えようによっては、大切な味方です。

◆親は教師に期待している

近年、教師を困らせる親の話をよく耳にします。多くの場合、子どもの成長を願う強い思いから、担任に「注文」しているのです。それだけ教師への期待が大きいとも言えます。そう考えれば、保護者は、担任に文句を言う「敵」ではなく、担任に期待している「味方」です。

◎…授業力アップにつなげる

「勉強がわかっていない」という親の苦情は、自身の授業力の未熟さを教えてくれるありがたい意見です。子どもに身に付けさせるべき学力も明らかになります。「わからない」という子を「できた！」と変えるための授業の工夫も生まれます。率直に担任の授業力の未熟さを教えてくれる親の存在を大切に思い、日々精進しましょう。

◎…「あれども見えず」に気づく

保護者の苦情や注文によって、それまで気づかなかった子どもの姿を知ることがあります。保護者の苦情や注文は、担任としての至らなさを気づかせてくれます。自分本位で唯我独尊の思い上がりを戒めてくれます。「自分が全て正しい」という気持ちでは、人としても教師としても成長はありません。親の苦情や注文は、自分の教師としての至らなさに気づかせてくれるありがたい助言として受け止めることが必要です。

★保護者を味方と考えるときには…

子どもが勉強わからないって
言ってますよ。
すみません。
もっとよく見ておきます。
何言ってるんだ！
話を聞く姿勢ができていないんだよ。
まったく、人のせいにばかりして！

保護者を敬遠し、耳を傾けない姿勢では、力量アップにつながらず、いつまで経っても信頼されないことに。

子どもが勉強わからないって
言ってますよ。
すみません。
もっとよく見ておきます。
見落としてたな。
もっと話を聞くような
工夫をしなきゃな。

保護者を味方だと思い、助言として受け入れることで、力量アップにつながり、徐々に信頼されるように。

●さらにこんなやり方も！

教師には、大人相手に会話したり交渉したりする力が不足しがちです。会話を楽しみ、意見を交流し、時に相手をうまくいなし、交渉する術を、保護者との関わりによって学んでいると感謝しましょう。

10 すばやい対応を

子どもに問題が起きたとき、保護者からの苦情や相談があったときは、すぐに対応するよう心がけましょう。

◆即対応が信頼を得る

子どもの問題や保護者の苦情や相談には、できる限り早く対応しなくてはなりません。解決するかどうかは別として、担任や学校が解決に向けて真剣に取り組む姿勢が大切です。すぐに対策を考え、遅くても問題の起きた翌日には対応を始めることが必要です。

◎…すぐに保護者に伝える

対策を立てて対応の準備ができたら、すぐにでも保護者に伝えておきます。早く対応してくれることがわかれば、保護者は安心もし、真剣に考えていることに感謝する気にもなります。対応の仕方を伝えるときは、「しばらく様子を見て下さい」と、対応イコール解決ではないことを暗に伝えることも大切です。

◎…経過を伝える

解決まで時間がかかる場合は、折を見て経過を保護者に伝えることを忘れないようにしましょう。せっかく解決に向けて行動しているにも関わらず、保護者に何も情報を提供しなければ、「忘れているのか？」「適当か？」となる恐れがあります。

解決した後も、今後も気をつけて観察することを伝え、保護者からの情報提供もお願いしましょう。

★問題へのすばやい対応とは…

対応が遅いと、親を不安にさせ、不信感を与えて大きな問題に発展する恐れが。

なかま外れにされて、友だちに無視されてるみたいなんです…。
わかりました。指導しておきます。
連絡がないわね。真剣に考えてくれてるのかしら？

すばやい対応で、親は安心し、教師を信頼し、協力する気持ちに。

なかま外れにされて、友だちに無視されてるみたいなんです…。
わかりました。
まず、明日、様子を見て、○○ちゃんに話を聞きます。そして、当事者の子どもたちの…
先生、真剣に考えてくれてるのね。少し任せておこう！

●これは絶対やめておこう！

解決を急いで、別の問題が出るような無理な対応をしたり、子どもに負担がかかったりすることのないように気をつけましょう。かえって保護者に不信感を与え、関係が悪くなってしまいます。

11 誠実な対応を

子どもの問題や保護者の苦情や相談には、体裁や面子にこだわらずに事実を真摯に受け止め、最善を尽くします。

◆面子や体裁にとらわれない

問題が起きたとき、「管理職や他の教師にどう思われるか」「指導力がないと思われたくない」と、体裁や面子にこだわってはいけません。ごまかしや言い訳をして責任を逃れようとすれば、かえって保護者の不信感を買い、後に大きな問題に発展します。

◎…素直に詫び、できることを全力で

問題の原因の一端が自分にあると感じたら、素直に詫びることです。素直に反省して、後の対応に全力を尽くすことです。

また、保護者の要求に応じられない場合は、「できない」と正直に言って説得することも必要です。何事も正直に誠実に対応することです。誠実さは、結果として親からの信頼を集めることになります。

◎…効果的な対応のために

面子や体裁にこだわっていては、必要で効果的な対応をとることができなくなります。子どもに対する指導に制約がかかってしまい、状況がさらに悪化する危険性も出てきます。管理職や他の教師の協力を得なくては、効果的な対応ができない場合も多々あります。

ましてや、偽りや隠ぺいがあったとなれば、保護者の信頼を失うだけでは済まされません。

★誠実な対応をとるとは…

うちの子にバカって言ったそうですね！
いや～、あれは言葉のあやというか…。そういう意味で言ったわけでは…。
言葉のあやで子どもを傷つけるんですか!?

ごまかしや言い訳は、保護者の態度を硬化させ、大きな問題に発展する恐れが。

うちの子にバカって言ったそうですね！
確かに言いました。そのことについては、心から謝ります。そのときの状況を聞いて頂けますか？
正直に謝ったわね。ちょっと話を聞いてみようか…。

誠実な対応に保護者は理解を示し、徐々に信頼を得ることに。

●さらにこんなやり方も！

保護者のクレームはもちろんのこと、些細な問題でも日頃から他の教師や管理職に打ち明けて相談するようにしましょう。職場の仲間として、相談に乗ってくれたり助言してくれたりと、温かく応援してくれるはずです。

12 心配りある対応を

子どもや保護者の気持ちを考えて、細かな心配りある対応に心がけるようにしましょう。

◆「気にかけている」と伝わるように

「そんな細かいことまで…」と思われることで、苦情や相談にくる保護者がいます。しかし、こちらが些細と思うことでも、当の保護者にとっては大問題なのです。要は、「担任が我が子を気にかけてくれているか否か」なのです。どんな些細な問題でも、すぐに対応し、細かな心配りで、保護者を安心させるように努めましょう。

◎…ケンカ・ケガ・叱り

特に、ケンカやケガ、厳しい指導の後は、注意しなくてはなりません。まずは、子どもが納得するようにしっかり対応します。特にケガの場合は、そのときの状況や後の教師の対応を保護者に伝えることです。他の場合も気になるときは、必ず伝えるようにしましょう。子どもには細心の心配りをして、保護者に心配をかけないことが大切です。

◎…先手必勝を心がけて

保護者に子どもの問題や対応を伝えるときは、「先手必勝」を心がけましょう。保護者が「何？」と思う前に、担任から連絡することです。連絡帳に書いたり、電話をしたり、場合によっては家庭訪問をします。担任から先に伝えるのと、保護者からの問い合わせで伝えるのとでは、保護者の気持ちを考えれば、天と地ほどの差があります。

★子どもや保護者への心配りとは…

保護者の気持ちを考えた心配りある対応をしなければ、不信感を抱かせることに。

どうしたの？
何があったの!?
どうして先生は、
連絡をくれないの？
○○ちゃんと
ケンカした。

保護者の気持ちを考えた心配りある対応で、保護者を安心させ、信頼が高まることに。

どうしたの？
何があったの!?
○○ちゃんと
ケンカした。
ハイ、
連絡帳。
先生、ちゃんと
対応してくれたのね。

●さらにこんなやり方も！

子どもが高学年にもなれば、自分で保護者に報告させることも必要です。ケガやケンカの状況や教師の対応、叱られた理由や反省点などを本人に報告させ、連絡帳に保護者のコメントをもらってくるように指導します。

13 保護者を認め励ます

保護者は精一杯、子どもに力を注いでいます。そのがんばりを評価し、励ましてあげることが大切です。

◆保護者も認め励ますのが教師

教師は、子どもの指導や保護者への対応に神経を使い、精神的にも体力的にも消耗しています。しかし、保護者も同じように、子育てや自分の仕事に精一杯です。立場こそ違え、同じ子どもを育てる者同士、互いに認め合い健闘をたたえる気持ちがあって良いと思います。

◎…親の気持ちに寄り添う

若い人は自分が親にしてもらったことを、子どもがいる人は自分の子に対する気持ちを、今一度考えてみましょう。親の気持ちになって思いを致すとき、目の前にいる保護者の子どもに対する気持ちが何となくわかる気がしてきます。たとえクレームを言って教師を困らせる保護者も、やり方が行き過ぎではあったとしても、親として子どもを思う気持ちは、ある程度理解できるのではないでしょうか。

◎…「うれしい」ひと言を

家庭訪問や個人面談などで保護者と話すとき、親にとって「うれしい」ひと言を伝えてあげましょう。

「○○君が明るいのは、お母さんの影響ですね」「お母さんと同じでがんばり屋ですね」といった具合です。歯の浮くお世辞ではなく、客観的に誰が聞いても納得できる子どもの良さを伝えることができるよう、日頃の子どもの姿をしっかり観察することが大切です。

★保護者を認め励ますとは…

親の気持ちになって対応しなければ、親の自信を失わせたり、教師を疎んじさせたりする恐れが。

遊んでいて、友だちにケガをさせました。
学校でも指導しますが、おうちでもお願いします。
申し訳ございません。
いつもこれ。育て方、間違ったかしら……。

親の気持ちになって対応することで、親は励まされ、教師に親しみを持つことに。

遊んでいて、友だちにケガをさせました。
素直に反省して、えらいですよ。ご家庭でしっかり躾けてこられたのですね。
申し訳ございません。
素直なところをほめてもらったわ！ちょっとうれしい…。

●さらにこんなやり方も！

子どもがテストで100点をとったり、丁寧にノートが書けたりしたら、子どもに、「がんばったよ」「勉強をみてくれたおかげだよ」などのコメントを書かせるようにします。親にとって、子どもの成長が何よりの励みです。

著者紹介

中嶋 郁雄（なかしま いくお）

1965年、鳥取県生まれ。

1989年、奈良教育大学を卒業後、奈良県内の小学校で教壇に立つ。

新任の頃より「子どもが安心して活動することのできる学級づくり」を目指し、教科指導や学級経営、生活指導の研究に取り組んでいる。

子どもを伸ばすために「叱る・ほめる」などの関わり方を重視することが必要との主張のもとに、「『叱り方』研究会」を立ち上げて活動を進めている。

・「『叱り方』研究会」のブログ http://shikarikata.blog.fc2.com/

著　書

『誰でも成功する児童の叱り方のキーポイント』（2004年）
『誰でも成功する児童のほめ方のキーポイント』（2005年）
『誰でも成功する児童との関わり方のキーポイント』（2006年）
『児童生徒に聞かせたい日本の偉人伝３分話』（2007年）
『しつけに使える「学校の妖怪・怖い話」』（2008年）
『教師に必要な６つの資質』（2009年）
『その場面、うまい教師はこう叱る！』（2010年）
『そのクレーム、うまい教師はこう返す！』（2010年）
『仕事がパッと片づく！　うまい教師の時間術』（2011年）

以上、学陽書房

『こんなとき、どうする？　子どもを伸ばす叱り方』（2010年）PHP出版
『教師の道標―名言・格言から学ぶ教室指導』（2010年）さくら社

共　著

『学校なぞなぞ大図鑑「昔のくらしなぞなぞ115」』（2002年）ほるぷ出版
『元気になっちゃう！算数　5・6年』（2006年）学事出版

他多数

そのクラス、うまい教師はこう動かす！

2011年７月21日　初版発行
2012年２月15日　２刷発行
著　者　中嶋《なかしま》　郁雄《いくお》
発行者　佐久間重嘉
発行所　学陽書房
〒102-0072　東京都千代田区飯田橋1-9-3
営業部　TEL 03-3261-1111／FAX 03-5211-3300
編集部　TEL 03-3261-1112
振　替　00170-4-84240

ブックデザイン／佐藤 博
イラスト／おかじ伸
印刷／文唱堂印刷　製本／東京美術紙工

© Ikuo Nakashima 2011, Printed in Japan
ISBN 978-4-313-65223-1 C0037

※乱丁・落丁本は、送料小社負担にてお取替え致します。
※定価はカバーに表示してあります。

学陽書房刊　中嶋郁雄の著書

仕事がパッと片づく！
うまい教師の時間術

◎A5判128頁　定価1,785円

「忙しい！」そんな日々に追われていませんか？　もっと効率的に仕事ができて、生活が充実し、クラスも伸びる方法を知りたい人へ。年間のダンドリから、毎日の仕事のこなし方まで、忙しい教師の生活を変える時間術！

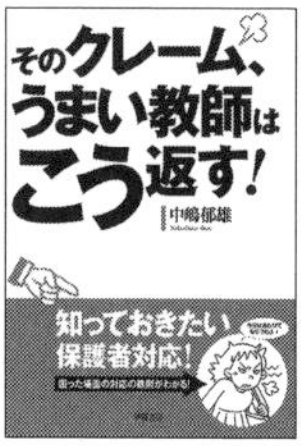

そのクレーム、
うまい教師はこう返す！

◎A5判128頁　定価1,785円

突然やってくる保護者からのクレーム！　とっさのときの対応をどうすべきか？　クレームを生まないための信頼関係をどうつくるといいのか？　保護者から信頼される教師のための、保護者対応の基本がわかる！

その場面、
うまい教師はこう叱る！

◎A5判128頁　定価1,785円

とっさのこの一言が子どもを変える！　態度が悪い、授業をかきまわす、学校のルールを守らない…こんな困った場面をスッキリ解決！　わかりやすいイラストで、児童の困った行動・態度がみるみる素直になる叱り方・ワザを紹介！